COMMENT PEUT-ON SORTIR DE LA PAUVRETÉ GÉNÉRATIONNELLE ?

Conception : Alioune Badara Chidid
Comment sortir de la pauvreté… 2022
Indicatif de l'éditeur :978-2-490673-47-6
Editeur : Alioune Badara Chidid

ISBN :978-2-490673-48-3
Tél : (+221) 77 900 23 91
Boite Postale : GW 15000
E-mail : editionartige@gmail.com

Averty D. NDZOYI

COMMENT PEUT-ON SORTIR DE LA PAUVRETÉ GÉNÉRATIONNELLE ?

Les éditions Artige

DEDICACE

À mon père et ma mère qui m'ont donné la vie,

À ma grand-mère Opoko Emilienne qui m'a insufflé les valeurs cardinales de la vie,

À mon oncle Scott Zambi qui depuis très jeune, a cru en moi et m'a mis sur le chemin du leadership.

REMERCIEMENTS

Je transmets mes gratitudes et mes remerciements à toutes les personnes ayant contribué à façonner l'homme que je suis devenu.

* Tante Okobo Suzane, mon éducatrice ;
* Tantes Bernadette Lemami et Germaine Nzambi, mes conseillères,
* Oncle Sylvain Bassimas qui m'a transmis le courage d'avancer dans mon environnement, en dépit des difficultés, en me rappelant : « Fils, les sommets sont disponibles pour tous ceux qui peuvent grimper »,
* Monsieur Piya Pierre, qui m'a toujours encouragé à écrire un livre et à baliser le chemin pour les prochaines générations. Il trouvera dans ce livre, quelques aspects de plusieurs conversations que j'ai eues avec lui,
* Aux membres de mon équipe Espace Opoko qui m'ont permis chaque jour de mettre en pratique certains éléments mentionnés dans ce livre en vue d'améliorer les conditions de vie des populations autochtones en République du Congo,
* Au pasteur Alain Bernard et aux membres de l'Église Baptiste de la Beauce au Canada qui m'ont permis, à travers nos conversations, de me remémorer certains aspects de ma vie que j'avais quelque peu oubliés,
* Mon frère Georges Desthain qui, depuis, sa plus tendre enfance n'a cessé de croire en moi.

PRÉFACE

La pauvreté, terme hideux décrit un état économique, un état mental limitant l'épanouissement humain. La pauvreté, ce cauchemar qui gâche la projection vers l'avenir ; la pauvreté créée, voulue et entretenue par une mentalité rétrograde encadrée par des théories et des analyses qui la renforcent et participent à son encrage populaire, est une prison, un fardeau qui annihile l'espoir. *Comment peut-on sortir de la pauvreté générationnelle ?* Revisite des thématiques actuelles : agriculture, éducation, santé, infrastructure, politique, sécurité. Il est un appel pour un sursaut individuel et collectif afin d'amputer les liens qui freinent le développement. La pauvreté, un cri de guerre pour alerter les jeunes contre la résignation, la nonchalance, la facilité, la passivité, l'accoutumance, la peur d'innovation, ces tares de nos sociétés dites modernes.

L'auteur, Averty Ndzoyi, décrit dans cet ouvrage un environnement hostile qui constitue un véritable frein à tous les projets de développement. Il dénonce avec intelligence, avec audace et ferveur liées à la jeunesse, le legs générationnel de la pauvreté. Normalement, l'espérance se trouve être dans l'héritage de valeurs positives qui combattent l'indigence. *Comment peut-on sortir de la pauvreté générationnelle ?* Une œuvre économique analyse, par le vécu, la problématique de la mentalité, de la culture, de l'environnement, dans le processus de sortie de cette anti valeur.

Par ailleurs, il convoque des sujets philosophiques et sociologiques (voyage, mort, environnement, culture) pour étayer son argumentaire économique. C'est ce qui donne une intuition d'originalité à l'ouvrage, traversé par une forte dose d'africanité, par la mentalité, la culture, la philosophie, l'environnement, le langage, le symbolisme et la croyance.

11

En outre, Averty Ndzoyi propose des recettes pratiques poussant vers la sortie de cet immobilisme rétrograde qui supprime le réel épanouissement de chaque être humain. Il invoque le voyage, l'éducation, l'innovation, la volonté, le culte de l'effort, le refus d'abandon.

Dans le combat contre la pauvreté, l'intelligence, le réseau de relation de qualité, la patience, la formation, occupent une place de choix dans le processus d'affirmation de soi. C'est une stratégie pour rompre avec les discours de victimisation et entreprendre. Il est nécessaire d'éviter certains comportements à risques : gaspillage, tabagisme, toxicomanie, tâtonnement, culture de la violence, suffisance, l'orgueil. Dans le processus de sortie de la pauvreté, la communication positive, par opposition au bavardage, au verbiage, participe à l'enrichissement des compétences en toute responsabilité sans se lancer dans la provocation. Des leçons de bonne conduite sont passées en revue : assiduité, ponctualité, régularité, travail bien fait, responsabilité, respect des lois. En effet, *comment peut-on sortir de la pauvreté générationnelle ?* Replonge le lecteur dans les cultures locales fortement concurrencées par la mondialisation. C'est une œuvre très documentée qui puise ses sources dans la littérature historique, économique, civilisationnelle de l'Afrique et du Congo. Averty Ndzoyi puise dans son vécu, sa culture des théories et des références pour combattre les stéréotypes qui freinent le développement. En fin économiste, il s'appuie sur des idées novatrices sorties de l'école africaine. Par la grenouille, le crabe, il expérimente le quotidien des hommes pour offrir aux lecteurs des expériences vérifiables. Il faut rompre avec les préjugés, les croyances obscurantistes, la soumission aveugle, l'irrationalité. Dans la désobéissance, il trouve des points positifs pour couper le pont avec les marginaux qui bloquent le processus de changement mental.

Le lecteur est capté par la simplicité des propos et des arguments tirés dans le quotidien. L'expression est claire sans tournure complexe qui complique la compréhension du discours.

Averty Ndzoyi, homme de son époque et de sa géographie, est un modèle pour la jeunesse africaine qui doit cultiver l'excellence. L'afro pessimisme n'a plus de raison d'être.

Les jeunes africains ont une obligation historique de sortir l'Afrique de la pauvreté. Cette œuvre mérite une place de choix dans les bibliothèques des universités et des écoles.

Docteur Mamadou Sow,

Enseignant chercheur en histoire,

archéologie, patrimoine.

AVANT-PROPOS

La première chose que j'ai apprise au début de mes études de Programmation neuro-linguistique (« PNL ») est que la carte n'est pas le territoire. J'apprenais que personne ne vit dans le monde mais bien que chacun vit dans son monde et que les limites ne sont pas dans le monde mais dans l'idée que l'on s'en fait.

Je prenais conscience que ce que je tenais pour réel (ma carte), n'était en fait que ce que j'avais appris de la vie à partir de mon territoire, l'Amérique du Nord, le Canada, la province de Québec, la ville de Montréal, la famille où j'avais grandi.

Je comprenais également que chacun de nous avions un modèle du monde bien différent. La lecture du livre d'Averty a participé à agrandir ma propre Carte du monde une fois de plus.

Les récits d'Averty reflètent en beaucoup de points la philosophie qui caractérise la PNL. En effet, pour qu'un humain grandisse et évolue, il lui faut un terrain fertile où il pourra déployer son plein potentiel.

Quand j'ai décidé de me lancer en coaching, ce qui m'appelait c'était de permettre aux personnes que je rencontrais d'accéder à ce potentiel, de les accompagner à faire un pas de plus dans leur évolution.

J'ai toujours cru en la valeur unique de chaque individu et au fait que lorsque l'être humain se sent écouté, accepté et validé dans ses forces, il découvre en lui une énergie renouvelée qui lui permet de mobiliser des ressources internes jusque-là insoupçonnées.

Dans son livre, Averty partage une vision du monde que je n'ai jamais connue et il apporte aussi tout ce qui fait un grand coach … une vision axée sur les solutions et sur la croyance que tout est possible à celui qui croit.

Comme le disait si bien Goethe : « Traitez les gens comme s'ils étaient ce qu'ils pourraient être et vous les aiderez à devenir ce qu'ils sont capables d'être. »

Sylvie Gervais,

Coach professionnelle certifiée en PNL, PCC

Formatrice et superviseure de futurs coachs

INTRODUCTION

La pauvreté générationnelle est un concept qui est perçu ici comme une situation d'indigence qui se transmet de génération en génération au sein d'une famille ou une communauté. J'ai grandi dans un petit village sans eau potable ni électricité. Il n'y avait ni école ni hôpital. L'argent n'avait pas la même valeur que dans certains villages, parce qu'il n'y avait rien à y acheter. Il n'y avait pas de petite boutique, encore moins d'épicerie.

Lorsque l'on avait besoin d'une personne et qu'on ne savait pas où elle se trouvait, on se mettait devant le hangar du grand-père et on appelait son nom. Peu importe là où la personne se trouvait dans le village, il venait en courant aussitôt qu'il entendait l'appel. Vous avez compris, c'était un tout petit village de quelques cases en terre battue, avec de petites cuisines en planches éclatées et des hangars. Ne perdez pas votre temps à chercher le village Molokaï sur les moteurs de recherche internet comme Google Maps parce qu'il a été détruit par une milice armée pendant la guerre civile qui a ravagé la république du Congo en 1997. Mes grands-parents étaient de simples cultivateurs d'autoconsommation et mes parents géniteurs deux jeunes lycéens à cette époque.

Comme le remarque le programme des Nations unies pour le développement, la pauvreté représente une situation d'incapacité, c'est-à-dire, l'impossibilité de profiter des diverses opportunités de la vie comme vivre sainement et longtemps avoir accès à l'éducation de son choix, disposer des ressources économiques suffisantes et participer pleinement à la vie de la société. En clair, être pauvre, c'est être dans l'incapacité de manger à sa faim. En même temps, c'est être dans l'incapacité d'accéder à une nourriture saine et variée. La pauvreté, c'est être sans abri. La pauvreté, c'est être malade et ne pas pouvoir voir un médecin. La pauvreté, c'est ne pas pouvoir aller à l'école et ne pas savoir lire et écrire. La pauvreté, c'est ne pas avoir de travail, s'inquiéter de l'avenir et vivre au jour le jour.

Si l'on considère ces définitions, on peut alors conclure que je suis issu d'une famille pauvre. Cependant, il faut noter que comme plusieurs personnes en Afrique rurale, j'ai hérité de la pauvreté de mes parents, qui eux, l'ont hérité de leurs parents. C'est un héritage de génération en génération. C'est donc la pauvreté de mes arrière-grands-parents qui continue à me poursuivre comme un toupet.

Selon la Banque mondiale, la pauvreté a de nombreux visages. Elle change de lieu en lieu et avec le temps. Elle a été décrite de plusieurs manières. Le plus souvent, la pauvreté est une situation à laquelle les gens veulent échapper. La pauvreté est donc un appel à l'action pour les pauvres comme pour les riches, un appel à l'action pour changer le monde pour que beaucoup plus de gens aient assez à manger, un logement décent, accès à l'instruction, à des soins de santé et à la protection contre la violence, ainsi qu'un mot à dire par rapport à ce qui se passe dans leur collectivité. C'est au vu de cet appel à l'action que j'ai, au fil de ma vie terrestre, amassé des exemples, des expériences qui, je pense, peuvent nous faire sortir de la pauvreté. C'est fondé sur une expérience personnelle et quelques éléments découverts dans des livres des grands penseurs et études scientifiques de ce siècle que nous proposons à la jeunesse rurale africaine, ce qui peut être considéré comme une contribution dans la lutte contre la pauvreté générationnelle. Dans cette bataille contre la pauvreté, la jeunesse africaine, va-t-elle triompher ? La seule chose requise pour que la pauvreté puisse l'emporter est que les jeunes africains qui s'éveillent à la nouvelle conscience, hommes et femmes, ne fassent rien, poursuivant leurs doux rêves des dogmes ancestraux périmés et des croyances erronées.

CHAPITRE I :

IMPACT DE LA CULTURE ET DE NOS MODELES SUR NOTRE DEVENIR

Dans plusieurs pays africains, les habitants des zones rurales débutent l'école à l'âge de six ans. Les écoles privées maternelles faisant défaut, tous les enfants attendent l'âge de six ans pour intégrer l'école publique. Pour mon cas, j'ai grandi dans un petit village, hélas détruit lors de la guerre civile qui s'était abattue sur notre pays en 1997. Ce village situé au bord de la rivière Dzoulou n'avait tout compte fait que seize cases. Il n'y avait ni école, ni boutique, ni hôpital. Pour avoir accès à ces services, il fallait parcourir cinq kilomètres dans la forêt. C'est donc dans cet environnement que j'ai grandi. Dès l'âge de six ans, je devais me réveiller à quatre heures du matin pour parcourir cette distance qui séparait mon village de l'école. Tout comme mes camarades de classe, je ne disposais pas de sac scolaire, ni de parapluie. Notre emploi du temps étant à mi-temps, parfois je devais rester toute la journée à l'école quand les cours s'étalaient jusque dans l'après-midi.

Un jour, alors que nous revenions de l'école avec mes camarades, une pluie diluvienne s'était abattue. Nous n'étions qu'à trois kilomètres du village. Nous courûmes comme des fous joyeux sous la pluie jusqu'au village, traversant des flaques d'eau boueuse jusqu'aux genoux. Malencontreusement pour moi, arrivé à la maison, un coup de froid me causa une forte fièvre et j'attrapai une grippe. Je grelottais. Je ressentais dans mon corps, partout de vives courbatures. Ma grand-mère, avisée, toujours prête à porter secours, me prépara une tisane émanant des secrets du terroir et aussitôt je m'endormis profondément comme un bébé. Très tôt, vers quatre heures du matin, mes camarades, levés sans fatigue, vinrent comme d'habitude frapper à notre porte pour me réveiller, afin que nous repartions à l'école. Ayant entendu les coups répétés, je fis semblant de dormir pour éviter d'affronter à nouveau ce calvaire. Ma grand-mère, tenant sa lampe luciole vint dans ma chambre s'enquérir de la situation. Avec sa main droite, elle toucha mon front et mon ventre avec douceur. « Dieu, merci, il n'a plus de fièvre », constata-t-elle en murmurant, avant de me réveiller, tout en me demandant de faire vite, car les autres élèves du village étaient déjà prêts. Nonchalant, après avoir baillé bruyamment selon la coutume, je dis à ma grand-mère que je ne voulais plus aller à l'école. Elle me demanda pourquoi. Je lui répondis clairement que ce n'était pas normal qu'un enfant de mon âge parcourut cette distance tous les jours, à pied dans ces conditions dangereuses.

A cet instant, elle me dit : « *Depuis que nous sommes dans ce village, tous les enfants font cela. Tu dois donc t'adapter. Si tu veux que cette situation change, tu dois aller à l'école afin d'être capable de trouver un travail qui te permettra de revenir ici changer les choses* ». À sa remarque, je me mis à pleurer à chaudes larmes, lui disant que les choses devraient d'abord changer avant que je ne puisse reprendre les cours. Elle me répondit d'un ton affectif : « Ndoumi (elle m'appelait Ndoumi, *qui signifie frère en langue Ndassa, vu que je porte le nom de son frère aîné), celui qui aime la pluie doit aussi aimer la boue. Lève-toi et cours rattraper les autres !* ».

Cette anecdote nous rappelle que j'avais grandi dans une situation de pauvreté générationnelle. Le village était pauvre et ma grand-mère l'était aussi. Tous les habitants vivaient comme nous dans cette condition de pauvreté. Comme vous le voyez, j'ai donc grandi dans un environnement où quatre générations précédentes étaient pauvres. Logiquement, tout est fait pour que je demeure dans ce milieu sans changer de statut social. C'est pour cette raison que j'affirme sans ambages aujourd'hui, que nous sommes le juste produit de notre environnement.

Chers lecteurs, je vous invite à être conscients de ce principe naturel. Pour qu'un changement s'opère dans notre vie, nous devons être conscients que quelque chose s'avère anormal. C'est la première étape sur la démarche du changement. Tant que nous ne sommes pas conscients qu'une situation est inconfortable, nous ne pouvons rien faire pour la rendre confortable. Or, lorsque nous scrutons notre environnement, nous constatons que nous avons pour habitude d'accepter comme normal, tout ce qui nous est familier. C'est ce que l'on appelle la loi de l'accoutumance. Plus nous vivons dans un environnement déterminé, plus l'on s'accoutume aux choses, aux êtres, aux circonstances, aux comportements et à tout ce qui s'y trouve. Nous pouvons aussi appeler cela la loi de l'adaptation. Plus la situation se dégrade dans un environnement, plus les personnes s'adaptent à cette dégradation et finissent par normaliser cela.

L'exemple le plus probant peut être tiré de l'allégorie de la grenouille chauffée. Voici ce que raconte l'histoire d'Olivier Clerc sur la grenouille :

« … *une marmite remplie d'eau froide dans laquelle nage tranquillement une grenouille... Et puis :*
  • *Le feu est allumé sous la marmite, l'eau chauffe doucement. Elle est bientôt tiède. La grenouille trouve cela plutôt agréable et continue à nager.*
  • *La température continue à grimper.*
L'eau est maintenant chaude, et c'est un peu plus que n'apprécie la grenouille. Elle se fatigue un peu, mais elle ne s'affole pas pour autant.
  • *L'eau est cette fois vraiment chaude, et la grenouille commence à trouver cela désagréable. Mais elle s'est affaiblie, alors elle supporte et ne fait rien.*
  • *La température continue à monter, et la grenouille finit tout simplement par cuire. La grenouille est morte* ».

Il est clair que si la même grenouille avait été plongée directement dans l'eau à cinquante degrés Celsius elle aurait

21

immédiatement donné le coup de patte adéquat qui l'aurait éjectée de la marmite.

La même chose se passe chez plusieurs personnes vivant dans un environnement propice à la pauvreté. Plus la situation se détériore, graduellement, ces personnes finissent par s'adapter et trouver normal cet état de fait. À tel point que ceux qui osent se plaindre de la détérioration de la situation sont traités de tous les vilains mots de la langue du coin.

La phrase que nous écoutons souvent est : « Cela a toujours été ainsi, ce n'est pas moi qui le changerai ». C'est donc cette normalité qui crée la culture de la pauvreté. Dans la culture de la pauvreté, toute révolte est d'avance sanctionnée, puis oubliée parce que nombreux pensent, ne pas être capables de trouver les ressources nécessaires pour changer de statut. La chose la plus facile à faire est de se résigner, d'accepter la pauvreté, de s'y accoutumer jusqu'à la mort comme ce fut le cas de notre grenouille chauffée. J'ai discuté un jour avec une personne qui me disait être consciente de sa situation, mais admettait ne rien pouvoir faire. « Je sais que je suis dans une situation précaire. Je sais que si une maladie grave me touche aujourd'hui, je vais mourir parce que je n'ai pas les moyens pour me soigner. Je suis obligé de m'adapter à ma situation, je ne peux rien, c'est comme cela » disait-elle. Face à cela, nous constatons que nous sommes tous, sans exception façonnés par notre environnement psychique. Lorsque nous grandissons dans un environnement de pauvreté, tout est fait pour que nous héritions de cette pauvreté, qui finit par devenir générationnelle. L'impact que cet environnement de pauvreté asur la vie des hommes est très prononcé et mérite d'être examiné, sur plusieurs dimensions. En dehors de provoquer l'adaptation et la normalisation, cet environnement crée aussi ses modèles typiques que les autres vont malheureusement suivre.

Dans les activités de mon organisation Espace Opoko qui travaille depuis 2013 sur l'éducation des peuples autochtones ou pygmées, j'ai été confronté à cet impact des modèles créés par cet environnement. Depuis l'avènement de cette communauté, jusqu'en 2015, aucun enfant autochtone, dans son cursus scolaire n'avait déjà amorcé le cycle du secondaire. L'homme considéré comme le plus intelligent de la communauté n'avait jamais obtenu son BEPC, un diplôme qui lui ouvrait les portes du Lycée. Cette situation a fait qu'un mythe soit créé autour de cet examen dans la communauté autochtone. Pour cette population, il était donc impossible pour un enfant de cette communauté d'aller au Lycée. Certains pouvaient faire le secondaire mais refusaient de passer l'examen d'entrée au lycée à cause de cette normalisation pessimiste qui s'affichait comme étant une norme de vie, une identité communautaire chez eux.

Ainsi, plusieurs enfants ont abandonné les études au secondaire tout simplement à cause de l'échec du modèle choisi par les prédécesseurs. Pour pallier ce problème, il a fallu plusieurs séances de travail avec eux pour les pousser à concevoir un autre modèle de réussite et surtout les pousser à instaurer d'autres aspirations. C'est d'ailleurs pourquoi, dans les familles qui réussissent, ce sont toujours les ainés qui prennent la responsabilité de donner l'exemple et servir de modèle aux générations futures. Ainsi, on constatera dans plusieurs familles que si l'aîné est enseignant, nombreux après lui, vont le prendre pour modèle, et ainsi de suite. Au vu de cela, certains peuvent arriver à croire qu'ils ne sortiront jamais de la pauvreté. Mais ne vous inquiétez pas, vous pouvez naître et grandir dans la pauvreté mais vous devez vous battre pour vous en sortir, et vos enfants également.

Comment sortir d'un environnement propice à la pauvreté ?

Dans mon petit village, j'étais considéré comme un enfant rebelle qui trouvait tout anormal et alogique. Pour beaucoup d'enfants de mon âge, il était normal de se lever à quatre heures du matin et parcourir cinq kilomètres à pied. Il était normal de courir nu-pieds sous une grande pluie pour rentrer au village après l'école. Mon grand-père, fermé à mon comportement impétueux, exigeant toujours le changement autour de moi, me qualifiait à tort d'enfant fragile et fainéant. Ces qualificatifs ou épithètes étaient souvent sujettes de moquerie dans tout le village. Je vous laisse donc, chers lecteurs de ce livre, le soin d'imaginer la masse de sarcasme et de dérision que subissent tous les enfants qui rêvent d'un moindre changement dans leur milieu. Pourtant je faisais tout le possible pour montrer le contraire de cette étiquette sur ma jeune personne. Comme j'étais un petit garçon, en avance sur son temps, je restais pourtant incompris.

Revenons maintenant à notre question de savoir : comment sortir de cette culture de la pauvreté imposée par notre environnement ? Pour commencer, retenons d'abord que tout changement débute par le refus d'accepter la situation actuelle. Il faut aussi se dire que la situation dans laquelle tu t'es accoutumé à cause de ton environnement n'est pas normale. Je sais combien il n'est pas facile de voir d'un autre œil, ce sur quoi nous nous sommes accoutumés et ce que nous avons classé dans la normalité.

Pour refuser la normalité imposée par l'environnement, il faut réunir suffisamment des éléments de comparaison. Nous ne pouvons savoir que notre vie est difficile que si nous la comparons avec celle des autres. Nous ne pouvons juger l'organisation de notre communauté qu'en la comparant avec celle des autres. Les communautés qui n'évoluent pas sont souvent celles qui n'ont pas de contact avec les autres. Elles manquent d'éléments de comparaison et pensent donc que tout va bien, car elles se sont adaptées ou accoutumées à leur environnement. Elles ne s'en rendent pas compte de leur état. Elles excellent dans ce refus. Leur vision est limitée.

Après le refus du statuquo, il faut ensuite avoir les éléments de comparaison. On obtient ces éléments lors des voyages, surtout en devenant un globe-trotter. Alors, voyagez et faites voyager vos enfants afin qu'ils découvrent d'autres environnements, d'autres décors, d'autres mœurs, comme le fit mon oncle Marc qui, pourtant étudiant était parti visiter les pays occidentaux. Dans la conscience collective de notre village il était devenu notre modèle. Or, dans notre culture de la pauvreté, le voyage était considéré comme un bon moyen de dilapidation de ressources, une douce folie de jeunesse. Un homme pauvre ne trouvera pas d'importance à faire voyager ses enfants pour les vacances, car ce sera de l'argent jeté dans l'eau. Les cultures de pauvreté concentrent essentiellement leurs efforts sur la réalisation des besoins physiologiques. Ce qui fait que, manger et s'habiller est souvent au centre des préoccupations. Utiliser de l'argent pour se payer les vacances est donc inadmissible. C'est pour cela que dans plusieurs communautés pauvres, vous trouverez des jeunes de dix-huit ans qui n'ont jamais été au-delà d'une vingtaine de kilomètres de leur communauté. Le voyage ouvre l'esprit de l'enfant et lui permet de découvrir de nouvelles choses. En effectuant un voyage hors de son environnement, l'enfant découvre d'autres modèles et se libère de l'accoutumance ce qui lui permet de changer d'aspirations.

Les familles modernes et riches ont compris cela avant nous. À chaque vacance, ils trouvent une destination pour la famille. Ce qui fait que nous avons souvent tendance à penser que les enfants des riches semblent plus instruits que ceux des pauvres. Deux enfants peuvent avoir le même niveau scolaire, mais celui qui a voyagé aura un petit plus visible et plus pratique, chaque fois dans les situations de la vie. J'ai eu, il y a quelques années, une conversation avec un garçon de mon village du nom d'Alex. Alex est né au village. Jusqu'à l'âge de huit ans, il n'était jamais allé au-delà de son village. Pendant les grandes vacances, sa grand-mère, une spécialiste réputée des danses traditionnelles, fut invitée à Komono, une communauté située à plus de deux cents kilomètres de son village. Elle était invitée pour animer une fête organisée par un ancien ambassadeur du Congo en France. Alex fut donc convié d'accompagner sa grand-mère avec une mission spécifique : prendre soin du sac de celle-ci pendant la danse.

Pour la première fois depuis sa naissance, Alex qui rêvait être menuisier comme son père, sortit de son village. Là-bas, Alex s'est lié d'amitié avec le fils de l'ambassadeur grâce au joli ballon rond que ce dernier avait ramené de France. Pendant qu'il jouait au ballon, son nouvel ami lui parla de son père et de ses multiples voyages. Il lui fit savoir que juste avant d'entrer au village pour la cérémonie traditionnelle, sa grand-mère était en France pour les soins médicaux. Le soir pendant qu'il mangeait, Alex demande à sa grand-mère ce qu'il faut faire pour être ambassadeur. La grand-mère ne connaissant rien, lui demanda pour ne pas perdre la face, de ne pas poser des questions pendant qu'il mange, une astuce pour éviter cette question embarrassante. À la fin, Alex réitéra la même question, ce qui finit par énerver sa grand-mère.

De retour au village, Alex pose la même question à son père, sans réponse. A force de poser la même question à tout le monde, Alex était devenu sujet de moquerie. Il est appelé monsieur l'ambassadeur. Lorsque j'arrive au village, de passage devant leur maison, je vois un enfant courir derrière moi et m'interpeller. Il me dit que c'est sa mère qui m'a vu passer depuis sa cuisine et lui a demandé de courir vite me rattraper pour m'interroger. Je m'arrête et attends la question. « Ok, dit-il, tonton, que faut-il faire pour être ambassadeur ? ». J'étais un peu perdu. Au lieu de répondre directement, je me suis mis à réfléchir. Je me demandais pourquoi une mère enverrait son enfant me poser une telle question. Pendant ces quelques secondes de réflexion, je vois le père d'Alex sortir de la maison en souriant, et me demande.

- « Qu'est-ce qu'il y a Averty ? Il te pose la question de savoir comment faire pour être ambassadeur ? »

Après ma réponse positive, il se mit à rire aux éclats. Son rire sonore de chez nous alerta son entourage. Tous se mirent à se moquer d'Alex disant qu'il est devenu fou depuis son retour de Komono. Pris de colère et de désespoir, Alex commença à pleurer. Je pris Alex dans mes bras, l'engageant de cesser de pleurer, au moment où sa mère sortit de la cuisine avec une mine colérique à la fois agressive. Elle se dirigea précipitamment vers nous, attrapa Alex au bras, lui demandant de la suivre dans la cuisine. Lorsque je demandai ce qui se passait à la mère d'Alex, elle m'expliqua toute l'histoire. C'est en ce moment-là que je réalisai l'importance de la question d'Alex et l'impact de la réaction de son père et ses oncles sur ses aspirations. C'est ainsi que je pris sur le champ la décision de parler à Alex devant ses parents. Assis sur une chaise avec Alex, les larmes aux yeux, je me mis à expliquer à Alex ce qu'il faut pour être ambassadeur. À la fin, je vis son visage s'illuminer de joie. Ensuite, je lui posai la question de savoir pourquoi ce problème était si important pour lui. La réponse d'Alex surprit toute sa famille. « *Je veux être ambassadeur pour permettre à mon papa et ma maman de beaucoup voyager partout dans le*

26

monde ». Les parents restèrent silencieux pendant un moment avant que je ne leur montre combien il est important d'encourager leur enfant et tout enfant du village à avoir de grands rêves et de l'aider à les réaliser

L'histoire d'Alex vient ici comme pour nous montrer, pour nous apprendre cette grande leçon de sagesse, comment le voyage peut changer les aspirations d'un enfant, susciter une vocation et le pousser à sortir de l'accoutumance, de son environnement traditionnel, à travailler dur et avec intelligence affutée, afin de favoriser la mobilité sociale. Nous devons soutenir les enfants qui ont de grandes aspirations, de grandes ambitions au bien commun. Ne prenez jamais à la légère un enfant, lorsqu'il vous dit qu'il sera médecin dans l'avenir. Quand ce dessein est pris, sans attendre que l'environnement le détruise, bien au contraire, il faut tout faire pour l'aider à l'intérioriser, de sorte que cette graine soit bien plantée dans son subconscient, car nous sommes ce que nous pensons, selon la grande Loi d'Attraction. Cette motivation peut être utilisée de temps en temps pour l'entrainer à faire ses devoirs, l'engager à éveiller ses capacités de leader, par exemples...

Prenons un autre bon exemple à imiter. Clauzane est une jeune belle fille de ma communauté qui aimerait faire carrière d'avocate pour défendre les pauvres. Elle avait une silhouette de sirène d'eau douce, avec ses longs cheveux en auréole atour de sa tête, comme ceux de Mikael Jackson enfant. Un jour qu'elle était en train de dormir "après avoir compté les traverses du toit de la case", elle reçut cette puissante inspiration suite à l'arrestation d'un de ces frères, qu'elle jugea arbitraire. Celui-ci aurait été piégé par un agent du ministère de l'économie forestière qui lui aurait fait une proposition juteuse d'un pactole d'argent pour l'achat des ivoires. Habib, le frère de Clauzane étant pauvre, aurait accepté le deal et serait mis soudain à chercher dans la communauté, quelqu'un qui était capable de lui fournir les ivoires.

Dans ses recherches, il rencontra, par un coup de veine, un braconnier qui les avait prélevés sur une carcasse d'un éléphant mâle. Lors de la livraison de la marchandise à l'agent du ministère, Habib fut surpris de voir débarquer une escouade de la gendarmerie qui a été alertée par son commanditaire. Habib fut arrêté non pas comme suspect, mais comme coupable, fut menotté et fouetté sans ménagement pour être directement jeté en prison pendant plusieurs mois. Pendant son procès, le commanditaire s'absenta expressément, car le juge disait qu'il était un cadre du ministère jouissant d'impunité, donc, il ne pouvait être inquiété. Habib étant démuni, ne pouvait se payer un avocat. Il a donc été représenté par un avocat commis d'office qui n'a fait que suivre les formalités, sans pour autant entrer au fond du problème. Sans surprise, Habib fut injustement condamné à plusieurs années de prison avec une forte amende.

Prise de colère face à ce qu'elle considéra comme une injustice, en effet elle avait raison, Clauzane précoce, prit la décision de faire les études de droit pour devenir avocate. Sa nature humaine l'ayant motivé, car son éducation traditionnelle l'interpelait, du fond de son cœur meurtri. Depuis, sa mère Suzane utilise cet argument pour la motiver. Chaque fois que sa mère veut la pousser à travailler à la maison ou à faire ces devoirs, elle lui répétait : « *Clauzane, ce n'est pas en jouant tout le temps avec les autres que tu deviendras avocate. Tu dois de temps en temps réviser tes cours et faire tes devoirs* ». Chaque fois qu'elle recevait ce rappel à l'ordre, Clauzane arrêtait de jouer et s'immergeait encore un peu plus profondément dans ses études et dans ses recherches. Sa vocation devint une obsession, car elle se répétait intérieurement : " Je serai la première avocate de mon village". Sa mère constata d'ailleurs une augmentation énorme de son niveau à l'école et ses résultats scolaires furent en nette amélioration. Aussi, elle était galvanisée et transfigurée par cette idée qui l'habitait, qui la faisait chanter quand elle entendait chanter les oiseaux sur les arbres. Mais les gens du village ne comprenaient pas les raisons de son exaltation, pourquoi, plus les jours passaient, plus elle devenait de plus en plus belle, plus épanouie que les autres jeunes filles de sa communauté.

Outre le voyage et l'encouragement dans ses aspirations, il est important de pousser les enfants à la lecture. Dans la pluralité des avantages qu'offre la lecture, ayons en tête que, lire permet aux enfants d'apprendre, de s'informer, de faire des choix éclairés, de s'évader, de développer son esprit créatif et son imagination ... Nous voyons donc ici que grâce aux livres, l'enfant a la possibilité d'avoir plusieurs éléments de comparaison pour sortir du piège de son environnement. Sans voyager, sans bouger d'un mètre, rien qu'avec le livre, l'enfant et même l'adulte a la possibilité de voir, de butiner, de rassembler depuis chez lui, ce qui se passe ailleurs ; et par la même opportunité, de prendre conscience de son inconfort, de ses insuffisances, de ses limitations et de pouvoir s'y éjecter. Et nous pouvons constater encore qu'avec les téléphones Android et l'ordinateur, on a l'impression qu'on porte le monde autour de soi, que nos capacités augmentent au jour le jour, notre vision du monde s'élargit et cesse d'être étroite comme chez ce sédentaire mental, qui est né là, sevré là, grandi là, marié là et enterré là ! Encourager les enfants à la lecture est donc l'un des moyens les plus efficaces que chacun peut utiliser pour briser le cycle de la pauvreté générationnelle. Dans certaines cultures et certains environnements, le livre est synonyme de sorcellerie, voire de magie. Un enfant qui lit beaucoup est considéré par l'ignorance dominante comme susceptible des pratiques magiques, car l'ignorance à travers ses filles, l'accoutumance, la dépendance à l'opinion générale freine, bloque notre aptitude psychologique au changement à pouvoir apporter des mutations dans ce monde en pleine métamorphose accélérée.

A l'âge de douze, dans mon adolescence teintée de curiosité, pendant que j'étais au collège, je partais lire dans la bibliothèque privée de l'un de mes grand-pères Makouaka. Il y avait dans une pile d'ouvrages qui trônaient sur sa table de travail, un livre couvert de bleu qui attira mon attention, et que je finis par lire son titre : « *L'étrange Destin de Wangrin* » d'Amadou Hampâté Bâ. L'ayant ouvert, je parcourus quelques pages, le cœur léger, les mains tremblantes, l'œil rivé à la porte. Je tombai amoureux de ce livre après chaque lecture. Je le chipai malgré l'interdiction de grand-père qui exigeait une lecture sur place, car il ne cessait de m'avertir : "Un livre prêté, est un livre perdu.". Nuitamment, avec fébrilité d'enfance, je dévorais les pages malgré la lumière insuffisante de ma "luciole". Je m'imaginais dans la peau des acteurs et déjà dans celle de l'auteur !

Chaque fois que je disposais d'un peu de temps libre, accompagné de quelques copains amoureux de la lecture, je partais lui rendre visite, chacun prenait un livre et s'asseyait sur une chaise pour lire. Pour éviter la chaleur tropicale, il laissait ouverte la grande fenêtre de son salon. Ainsi, les gens qui passaient dans la parcelle pour atteindre la rue du derrière pouvaient nous voir concentrés, tête baissée, regard plongé, chacun dans son livre. Évoluant dans un environnement non propice au développement intellectuel, les gens suspicieux, superstitieux, intolérants et ignorants, les pauvres bougres s'imaginaient que grand-père m'initiait à la Rose Croix, société occidentale pratiquant, selon leur horizon limité et limitatif, la sorcellerie et la magie. Dans leur appréhension, le fait pour moi d'être perdu et concentré dans la lecture, certains m'appelaient, m'interpelaient, me hélaient sournoisement. Tantôt je ne comprenais pas, tantôt j'attendais qu'ils finissent leurs phrases hachées, imbibées de présomption et d'incrimination, avant que je ne lève mon regard à travers la fenêtre. À leur avis, cela signifiait que j'étais en transe ou « dans une autre dimension ». Depuis là, dans ma communauté cette étiquette de magicien ou de sorcier, me poursuit lorsque les gens me voient, tenant ou lisant un livre. Chic ! Mon cousin Rodrigue, lors d'un voyage avec l'une de nos tantes, a été taxé de Franc-maçon, tout juste pour le fait d'avoir logé un livre de Karl Marx dans le sac à main de la tante. Arrivée à destination, lorsque la tante a ouvert son sac, ayant vu le livre, elle s'est mise à crier dans tous les sens, à vociférer contre mon cousin. À son avis, le fait que ce livre se trouvait dans son sac à main signifiait que Rodrigue l'avait sacrifiée ou devait la sacrifier.

Dans ma communauté, les exemples sont légion sur l'image que les gens se font des livres, de tout livre. En effet, ils entretiennent une image erronée, distordue et imparfaite des livres, sauf peut-être la bible. C'est d'ailleurs l'un des critères qui nous montre clairement que cet environnement n'est pas propice au développement. Ailleurs on reconnait sans doute et avec facilité un enfant qui a de l'avenir, par rapport à son attirance pour la lecture. Dans d'autres civilisations, les parents font une lecture aux enfants avant de dormir, ceci même auprès des enfants qui ne savent pas encore lire et écrire. L'objectif est d'inculquer très tôt le goût de la lecture aux enfants, car les parents eux-mêmes connaissent l'importance de la lecture dans le processus de sortie de la pauvreté.

Nous avons la chance de vivre à l'ère du numérique où le monde devient un village planétaire, voire une famille planétaire. Internet nous offre aujourd'hui une possibilité de nous confronter avec d'autres cultures en étant dans notre village. Avoir un ordinateur ou un téléphone Android devient une nécessité vitale si nous voulons éviter l'accoutumance et le piège de l'environnement non propice au développement.

À travers Facebook et Watsapp, nos enfants ont la possibilité de voir instantanément, en temps réel, ce qui se passe dans d'autres environnements éloignés. Cela leur permet de sortir de cette phase de la grenouille pour s'épanouir et briser le cycle de la pauvreté. En créant Espace Opoko en 2013, en vue de soutenir l'éducation des enfants issus des autochtones, et des familles démunies, mon objectif était et demeure celui d'amplifier les activités dans toute l'étendue du territoire national. Malheureusement je n'ai jamais eu le budget nécessaire pour cela. C'est ainsi que j'ai décidé, en 2015, d'être actif sur Facebook pour montrer et notifier aux yeux du monde, mes différentes initiatives. En le faisant, nous avons touché plusieurs communautés autochtones sans le savoir, car plusieurs personnes ont été inspirées par nos activités et ont décidé de reproduire celles-ci dans leurs communautés. Ainsi, ces activités ont été copiées, réalisées et peut-être améliorées jusque dans d'autres pays de la sous-région, Afrique Centrale, au bénéfice des plus démunis.

Investir dans l'achat d'un téléphone Android aujourd'hui peut s'avérer inutile chez ceux qui sont piégés par leur environnement.

Mais cet investissement peut vous aider à trouver les éléments de comparaison pour vous permettre de prendre conscience des blocages générés par l'accoutumance à votre environnement.

En discutant un jour avec ma mère au sujet de la mort, je lui disais que tout le monde manifestait la peur de mourir. Il s'agissait pour moi d'un fait réel et logique valable pour tous. Après m'avoir écouté religieusement, elle me fit cette remarque : « Et si ce n'était la peur de mourir, et si c'était autre chose ? ». Voici comment je compris son raisonnement : "Certaines personnes comme elles n'ont spécifiquement pas peur de mourir, car elles savent que c'est un chemin obligé de tout le monde. Tout le monde finit par mourir un jour". « Ce que nous ne connaissons pas, ajouta-t-elle, c'est la date et le lieu, mais nous mourons tous un jour ». Sachant donc qu'elle finira par mourir, ma mère me conseilla, de ne pas se permettre d'avoir peur de la mort. Ce qui lui fait peur en son for intérieur est le fait de savoir, qui au sein de sa famille pourra aimer ses enfants autant qu'elle-même. Qu'est-ce qui se passerait après sa mort ? "Mes enfants auront-ils une vie meilleure que la mienne après ma mort" ? Voilà les questions qui la tourmentaient tout le temps. « Si j'arrive à vous situer tous, dit-elle, et si je sais que chacun de vous a acquis son autonomie financière et devenu capable de subvenir à ses moindres besoins et celles de la famille, alors, je pourrais m'en aller en paix rejoindre nos ancêtres. Aussitôt, je réalisai sans étonnement et sans émotion que maman n'a donc pas peur de mourir ; mais elle s'inquiète seulement de la situation de ses enfants après son départ vers l'au-delà. Aujourd'hui que je suis moi-même père de deux merveilleuses filles, Ange et Alicia, je me rends compte que l'inquiétude majeure de tout parent responsable est l'avenir de ses enfants. Ainsi, même victime de la pauvreté générationnelle, tout parent doit rêver voir ses enfants sortir de cette situation apathique. Alors, héritier de la pauvreté générationnelle, si au soir de votre vie, sans prôner la course à l'enrichissement sauvage, si la réponse est systématiquement négative, à la grande interrogation : "Mes enfants sauront-ils bâtir une richesse ou auront-ils une vie meilleure que la mienne, après ma mort" ? Votre réponse, n'est que la démonstration et le témoignage devant l'univers entier, que vous avez totalement échoué dans cette digne mission.

Mort, nous ne sommes plus utiles à nos enfants. C'est maintenant que nous devons changer les paradigmes afin que ceux-ci n'héritent pas de la précarité générationnelle que nous avons héritée de nos parents. Nos enfants doivent naître dans des conditions différentes que les nôtres. Ils doivent étudier dans des conditions modifiées des nôtres. Ils ne doivent point avoir une enfance conforme et identique à la nôtre. Leur enfance sera supérieure à la nôtre. Les parents qui aiment rapprocher leur époque à celle de leurs enfants sont ceux-là qui échouent, car ils continueront d'alimenter cette chaine de pauvreté. Est-ce parce que tu as eu cette vie dans le passé que tu veux aussi que tes enfants fassent de même et demeurent dans la même situation ? Ne sais-tu pas que ce sont les mêmes causes qui génèrent les mêmes effets ? Il ne faut point l'oublier.

C'est seulement en faisant tout ce qui a été mentionné plus haut, que l'on peut envisager avec sérénité le voyage des parents et celui des enfants vers la sortie de cette tare, ce vice monstrueux nommé *pauvreté générationnelle*.

Les indices pour détecter ceux qui sont bloqués dans l'accoutumance à l'environnement, ceux qui adorent la pauvreté générationnelle.

1.   As-tu déjà lu un livre ? N'importe quel livre. Si la réponse est non, il est temps que tu te lances dans la lecture.
2.   As-tu déjà voyagé hors de ta communauté ? Si la réponse est non, pense à le faire, ça t'aidera à découvrir et trouver des éléments de comparaison.
3.   Quel est ton modèle à suivre ? Si ton modèle est une personne piégée elle aussi dans ce cercle vicieux ; c'est qu'il est temps pour toi de changer de paradigmes.

4.   Quelles sont tes aspirations dans la vie ? Si la réponse est « je ne sais pas », c'est que tu es piégé comme la grenouille chauffée. Il faut bouger.

5.Aimes-tu faire des recherches sur internet, sur les sites de motivation, de développement personnel et du coaching ? Si la réponse est non positive, c'est que tu n'es pas mur dans l'accomplissement et la réussite de ta progéniture ou pour la mise en œuvre de tes projets.

Retrouvons notre allégorie de la grenouille cuite à petit feu. Nous y avons appris une leçon capitale, un avertissement et une morale stipulant : "Il est très important de ne pas attendre que la température augmente au point de nous détruire définitivement".

Je sais que ceux qui se sont cramponnés à cette ineptie se sentent dans un état confortable au point où ils en deviennent dépendants comme des drogués. Ils choisissent de ne rien remettre en cause, de ne point changer. L'adaptation à cet environnement fait que, les victimes se sentent bien assis dans le fauteuil de la connerie et s'imaginent que plus rien ne peut être fait pour les dévisser de là. En fait, si nous sommes devenus conscients que votre environnement ne nous permet pas de réaliser nos rêves, alors levons-nous. Agissons. Ne nous accoutumons pas trop d'un environnement qui ne nous convient pas. Décidons dans le cadre de cette prise de conscience, de changer nos paradigmes. Oui, ce voyage vers le changement doit commencer sans indécision, ici et maintenant, pour nous, pour nos enfants et nos communautés, pour nos familles.

Chapitre II :

LES ÊTRES HUMAINS N'ONT PAS LA MEME VALEUR SELON QU'ILS SOIENT RICHES OU PAUVRES.

Le 10 décembre 1948 en France, 58 États se sont retrouvés pour adopter la charte universelle des droits de l'homme. Cette déclaration précise les droits fondamentaux de l'être humain. Un article nous intéresse particulièrement dans notre processus de sortie de la pauvreté générationnelle. C'est le tout premier chapitre; il stipule :

« *Tous les êtres humains naissent libres et égaux en dignité et en droits. Ils sont doués de raison et de conscience et doivent agir les uns envers les autres dans un esprit de fraternité* ».

Quelque chose attire cependant mon attention. Lors de l'adoption de cette charte, 50 États sur les 58 participants devaient l'adopter. Aucun État ne s'est prononcé contre et seuls huit se sont abstenus. Parmi eux, l'Afrique du Sud, trône inamovible de la reine nommée apartheid; elle refuse l'affirmation au droit à l'égalité devant la loi sans distinction de naissance ou de race ; l'Arabie saoudite canapé misogyne et phallocrate, conteste l'égalité homme-femme; la Pologne, la Tchécoslovaquie, la Yougoslavie et l'Union soviétique (Russie, Ukraine, Biélorussie), s'abstiennent, quant à eux, en raison d'un différend concernant la définition du principe fondamental d'universalité tel qu'il est énoncé dans l'article 2 alinéa 1. Enfin, les deux derniers États n'ayant pas pris part au vote sont le Yémen et le Honduras. Les huit abstentions lors de l'adoption de la charte universelle attirent particulièrement notre attention lorsque nous observons ce qui se passe dans nos différentes communautés. S'il est universellement reconnu et accepté que nous sommes tous libres et égaux en dignité et en droit, logiquement, je pouvais me lever un matin, prendre la décision de voyager où je veux sans demander d'autorisation ou de visa dans n'importe quel pays du monde. Cette déclaration universelle des droits de l'homme est, selon mon opinion, une intention, mieux, un idéal à atteindre. Aucun pays dans le monde d'aujourd'hui ne peut démontrer l'égalité des droits à 100%. Exemples : deux personnes peuvent mourir le même jour. L'une fera la une des journaux, l'autre passera inaperçue. La mort de l'une mettra les drapeaux du pays en berne, tandis que celle de l'autre passera inaperçue. L'arrestation arbitraire de l'une causera une crise diplomatique alors que celle de l'autre n'aura aucun effet. C'est ainsi que le monde est fait. Même dans les milieux très pauvres, les humains n'ont pas la même valeur. Pour le but dont je me suis assigné ici (enseigner les principes de vie pour sortir de la pauvreté générationnelle), je dirai sans masque que : c'est la valeur de l'homme qui détermine la manière dont il est traité par les autres dans la société.

Pour illustration, j'ai visité une famille autochtone en 2014 dans un village pour leur parler de l'importance de l'éducation scolaire. Dans la cuisine où j'ai été reçu, il y avait deux chaises en plastique de couleur bleue, l'une dans un bon état et l'autre légèrement bancale. Mbila, mon hôte, les avait achetées pour recevoir les invités de marque. Une chaise m'a été ainsi offerte pendant que mon hôte était assis sur la seconde chaise brinquebalante. Les quatre enfants de Mbila étaient assis en ligne, à notre gauche, chacun sur un marceau de bois mal équarri. Sa femme était assise à même le sol sur une planche de bois couverte d'un pagne sale et usé. Pendant que nous discutions, son fils ainé qui était parti le matin à la chasse dans la forêt arriva, avec sur son dos, un lourd "barda" en rotins, contenant quatre gibiers frais : une antilope et trois pangolins. Le garçon heureux, fit descendre avec orgueil non couvert, son barda avec l'aide de l'un de ses frères, ils le déposèrent juste à côté de sa mère.

Regardant de gauche à droite, il se mit à chercher un endroit où s'asseoir. Avec un air dédaigneux, la mère regarda son mari et dit avec véhémence : « Lève-toi et offre lui ta chaise, car mon fils est fatigué ! ». Le père sans discuter se lève et laissa la chaise au fils qui s'installa royalement. Dans certaines cultures africaines, le mari est le maître de la maison. C'est lui qui décide de tout parfois. Toute la maisonnée lui doit du respect. Cependant ce jour-là, dans la maison de Mbila, la règle fut dérogée ; un autre avait plus de valeur que le père. En fonction des intérêts de la famille, le fils avait plus d'importance aux yeux de tous que le père. Le fils avait apporté quelque chose que les autres chasseurs rentrés bredouille, n'avaient pas eu : la viande. Vu leur extrême pauvreté, les familles autochtones ou pygmées limitent essentiellement leur bonheur à la satisfaction des besoins vitaux telle que la consommation fréquente de la viande qui constitue leur plat préféré de base. Ils sont aussi remarqués pour leur adresse à la chasse et dans la connaissance des plantes nourricières et médicinales. Excellents chanteurs et danseurs, ils conservent encore un immense patrimoine culturel, legs de leurs aïeux.

Cette histoire illustre donc une opinion qui stipule que tous les êtres humains ne sont pas traités de la même manière. Certains sont respectés et d'autres non. Certains ont de la valeur et d'autres non. Dans le processus de sortie de la pauvreté générationnelle, après la première étape qui consiste à refuser de s'adapter à l'environnement précaire et vulnérable où règne la pauvreté, nous devons travailler pour avoir de la valeur aux yeux des autres. Appartenant à la couche sociale la plus pauvre, les victimes de la pauvreté générationnelle ne sont pas souvent respectées par ceux appartenant à la classe moyenne.

Dans ma jeunesse, la seule langue que je parlais, était le Ndassa, l'ethnie de mes grands-parents. Je ne parlais et ne comprenais aucune autre langue. C'était un grand défi pour moi lorsque je quittai mon village pour poursuivre mes études en ville, auprès de mes parents biologiques. La première année était très difficile. Je n'avais pas d'amis ni dans le quartier ni à l'école. Je ne pouvais m'exprimer qu'à la maison. Ma tante Alexandrine était très gentille avec moi à la maison. Parfois, je voulais bien l'accompagner au marché pour découvrir la ville. Mais, elle aussi avait honte de moi à cause de ma timidité à l'extérieur de la maison. Pour garder intacte l'image qu'elle s'était faite d'elle-même dans la société, elle ne pouvait se permettre de se promener avec l'un de ses neveux qui ne parlait pas couramment, ni le lingala, ni le munukutuba, les deux autres langues nationales du pays ! Un jour, alors qu'elle devrait sortir acheter du pain le matin, j'ai demandé de l'accompagner. Comme toujours, elle m'a fortement recommandé de l'attendre. Très en colère, je lui ai fait la remarque en pleurant. Comprenant ma colère, elle m'a pris dans ses bras et m'a dit la vérité : « Averty, si je n'aime pas que tu m'accompagnes souvent, ce n'est pas parce que je ne t'aime pas. C'est juste parce que tu ne parles pas même le Munukutuba qui est la langue nationale parlée au sud du Congo. Imagine si mes amis te posaient la question et que tu n'arriverais pas à répondre ! Ça serait une honte pour moi ». C'était un choc terrible pour moi de voir que la personne que j'affectionnais tant avait honte de moi. Mais, j'ai tout de suite compris que je devrais faire des efforts non seulement de parler la langue la plus usitée dans la ville mais je devrais aussi apprendre le français pour comprendre ce que disait le maître en classe. La vérité est que j'ai passé plusieurs années à l'école sans comprendre totalement ce que disait le maître.

Dans mon environnement au village, j'étais un garçon aimé et apprécié par tout le monde. Je pouvais exprimer mes sentiments auprès de tout le monde et je comprenais tout ce que les gens disaient. Je posais beaucoup de questions au point de paraitre parfois agaçant. Une fois sorti de cet environnement, j'étais devenu un objet de honte pour les camarades, un villageois qui ne comprenait rien, qui ne parlait jamais en classe et ce garçon qui était toujours seul dans son coin pendant la récréation. Cette réponse de ma tante m'avait beaucoup révolté au point où ma relation avec elle en avait pris un coup. Pourquoi elle avait honte de moi à cause de mon incapacité à m'exprimer dans des langues que je ne connaissais pas ? Pour moi, tout était simple, elle ne m'aimait pas et tout le monde dans la maison d'ailleurs, puisque personne n'acceptait que je l'accompagne.

Après cette première année scolaire passée en ville, j'ai exigé de repartir au village passer les vacances auprès de mes grands-parents. Arrivé au village, à peine descendu de la voiture, j'ai couru dans la cuisine de ma grand-mère. En tombant dans ses bras, j'ai tout de suite fait ma demande : « S'il te plait grand-mère, si tu m'aimes vraiment comme tu me le dis souvent, alors n'accepte plus jamais que je retourne là-bas en ville ». J'avais décidé de ne plus jamais sortir de mon environnement. Mon village était ma seule zone de confort, le seul endroit au monde où j'étais heureux où j'envisageais passer toute ma vie. Une fois sortie de cet environnement, j'ai été confronté à de nombreux défis et j'ai décidé d'abandonner. C'est ce qui arrive à des nombreuses personnes lorsqu'elles remarquent que le monde dans lequel nous vivons est en perpétuelle et parfois cruelle compétition. Il faut donc avoir autour de soi, les personnes éclairées qui peuvent vous aider à aller de l'avant. Cette personne éclairée que j'avais dans ma vie était ma grand-mère Opoko Emilienne.

Un jour, alors que je l'accompagnais aux champs, ma grand-mère me posa la question de savoir pourquoi je ne voulais plus repartir en ville. « C'est étonnant, dit-elle, de voir que toi qui parcourais cinq kilomètres chaque matin pour aller à l'école ici au village, tu refuses aujourd'hui d'étudier en ville où l'école est juste derrière la maison ». Après plusieurs justifications et exemples précis sur ma situation en ville, ma grand-mère, assise sur un tronc d'arbre me dit : « le seul problème dans tout ce que tu me dis est que tu penses que les gens ne te respectent pas et ne te prennent pas en considération. Cela signifie que tu n'as pas de pouvoir devant tes semblables. A mon avis, poursuit-elle, c'est quelque chose que tu dois affronter. Détenir le pouvoir, c'est posséder quelque chose que les autres n'ont pas. Je pense que tu dois repartir en ville, étudier convenablement comme il faut pour leur montrer que tu possèdes quelque chose qu'ils n'ont pas. En faisant cela, tu auras des amis et les autres te respecteront ». Je venais ainsi d'être investi d'une mission qui consistait à aller à la conquête de ma valeur. C'est une mission qui peut paraitre impossible lorsque l'on vient d'une culture de la pauvreté. Cependant, tout le monde peut l'accomplir si chacun arrive à répondre à la question suivante : d'où vient la valeur de l'homme ? Comment on l'acquiert ?

Dans beaucoup de livres, la déclaration universelle des droits de l'homme et même dans la bible, tous les Êtres humains sont nés égaux aux yeux de Dieu et de la loi. Tout le monde a donc de la valeur selon les dires de tous. L'homme est né avec des droits inaliénables. Cependant, les personnes issues de la pauvreté générationnelle ne doivent pas intérioriser cela. Ils doivent comprendre que la loi ne touche plus souvent que les plus faibles, que la justice ne se comporte jamais de la même manière entre riche et pauvre. Ils doivent travailler pour avoir de la valeur aux yeux du monde. Et l'objectif de ce chapitre est de vous apprendre comment obtenir cette valeur aux yeux du monde.

Combien des personnes sont tuées en Afrique et partout dans le monde chaque jour sans que cela n'ait des conséquences immédiates sur l'humanité ? Une seule personne, l'archiduc Franz Ferdinand fut tué le 28 juin 1914, son assassinat a déclenché la première guerre mondiale parce qu'il était l'héritier du trône d'Autriche. C'est parce qu'il avait de la valeur aux yeux du monde que sa mort a occasionné une crise internationale. Ferdinand tirait sa valeur dans son rang et son statut social. En Mars 2020, alors que la pandémie du Coronavirus dit covid-19 se propageait dans le monde et faisait trembler toute la planète, le monde entier fut surpris des déclarations du Président américain, Donald Trump. En réalité, face au nombre très réduit des tests de dépistage de la maladie, le gouvernement américain avait exigé que les tests ne soient effectués que sur des personnes symptomatiques. Curieusement, quelques jours après, le staff de l'équipe de basketball, les Brooklyn Nets, annonce que trois de leurs joueurs qui ne présentaient aucun symptôme faisaient partie d'un nombre inconnu de membres de l'équipe testés pour le coronavirus. L'information fit l'effet d'une bombe. Bill de Blasio, le maire de

New York ira jusqu'à contester dans un tweet : « avec tout le respect que je vous dois, une équipe entière de la NBA ne devrait pas se faire tester pour le Covid-19 alors qu'il y a des patients gravement malades qui attendent d'être testés. Les tests ne devraient pas être pour les riches, mais pour les malades ».

Dans la même journée, un journaliste américain pose la question au président américain : « Comment des athlètes professionnels non symptomatiques peuvent-ils être testés alors que d'autres font la queue et ne peuvent pas l'être ? Est-ce que les personnes bien branchées vont-elles au premier rang ? » Sans langue de bois, le président américain, l'homme le plus puissant du monde répond : « Non, je ne le dirais pas, mais peut-être que c'est l'histoire de la vie ». Pour lui, l'histoire de la vie se résumait à cela, les hommes les plus connectés, les plus riches, les plus puissants ont plus de privilèges que d'autres. Les hommes ne sont donc pas tous égaux. Un individu issu de la culture de la pauvreté doit aller à la conquête de ce qui fera de lui un homme de valeur. Pour reprendre notre allégorie de la grenouille, nous dirons qu'une fois sortie de la marmite chauffée, la grenouille doit savoir qu'elle reste une grenouille avec des longues pattes. La première intention que les autres auront vis-à-vis d'elle est le rejet. Elle doit donc faire le nécessaire de posséder quelque chose que les autres n'ont pas pour se faire respecter et avoir une place parmi eux.

Quelles est la démarche intellectuelle à suivre pour avoir de la valeur lorsque vous êtes issus d'une culture de la pauvreté ?

Dans la deuxième phase de nos démarches pour sortir de la pauvreté, nous pouvons considérer cinq points comme devises de la valeur humaine. Pour avoir de la valeur aux yeux de l'humanité, l'homme victime de la pauvreté générationnelle a besoin de l'intelligence, des relations, une bonne santé, l'argent et la conviction.

- **L'intelligence.**

Lorsque nous venons d'une famille pauvre ou d'un environnement de la pauvreté nous ne possédons généralement rien qui puisse attirer l'attention des autres et les pousser à nous respecter. Nous avons cependant la possibilité de travailler durement pour posséder quelque chose que tout le monde aimerait avoir et cette chose c'est l'intelligence. L'intelligence est un bien que personne ne peut nous voler. L'intelligence, c'est aussi l'ensemble des aptitudes que tout le monde peut acquérir. C'est pour cette raison que, lorsqu'un enfant issu d'un environnement de pauvreté quitte son milieu, il doit être habile à l'apprentissage.

Pour sortir de la pauvreté, la grenouille qui vient de quitter son environnement doit conquérir sa valeur afin que les obstacles sur son chemin soient amoindris. Venant du village où j'ai grandi pour Sibiti, capitale de la Lékoumou, la ville où je suis allé poursuivre mes études, je devrais aller à la conquête de ma valeur, comme me le disait ma grand-mère. Cette conquête, je ne pouvais la gagner qu'en faisant des efforts considérables à l'école. Au début, j'étais toujours seul à chaque récréation. Mes camarades de classes étaient attirés par les enfants des riches qui apportaient de l'argent à l'école. Lors de ces moments de détente, de divertissement et de récupération, ceux-ci achetaient du pain et les distribuaient aux autres. Ce qui faisait qu'ils avaient beaucoup d'amis.

Certains camarades suivaient les plus forts, ceux qui gagnaient tous les combats à l'école. Il y avait un garçon de ma classe qui disait avoir un fétiche lui permettant de frapper plus fort que tout le monde. Il s'appelait Massamba, un homme trapu, au teint plus foncé au reste du corps, et bistre à la face. On disait qu'il obtenait tout par la force de ses muscles. Toute la classe lui obéissait et il était ami de toute la classe, car personne ne voulait avoir affaire à lui. D'autres élèves étaient des amis de Gautier, le fils du chauffeur du préfet du département. Gautier, garçon élégant, héritage de son père, venait à l'école avec un ballon et décidait qui pouvait jouer avec lui pendant la récréation. Tous ceux qui désiraient jouer au football, à la recréation, devenaient circonstanciellement gentils et amis avec Gautier. Je n'avais pas d'argent, je n'appartenais pas à une famille riche encore moins aristocratique, je n'avais pas un ballon et je n'étais pas fort. Je devrais donc trouver quelque chose qui pousserait les autres à me respecter et aussi à devenir mes amis.

C'est en ce moment que les conseils de ma grand-mère raisonnaient à nouveau dans ma tête. Elle m'a dit un jour : « Averty, dans ta situation actuelle, la seule chose que tu peux avoir afin que les autres te respectent, c'est d'utiliser l'intelligence. Si tu es intelligent à l'école, les autres ne verront plus le villageois que tu es mais ils verront désormais le garçon intelligent de la classe ». Pour cela, j'ai décidé de m'appliquer en classe. J'ai commencé à réviser mes cours les matins avant d'aller à l'école. A l'école primaire, alors que j'étais au cours moyen deuxième année, pour décrocher haut les mains le certificat d'études primaires qui me donnait l'accès aux études secondaires, j'avais emprunté auprès d'un camarade, un livre de mathématiques qui avait une variété d'exercices aux dernières pages. Ulrich Sandoungou, ayant découvert le secret de notre maitre, m'avait informé que ce dernier puisait dans ce livre la plupart des exercices, lors des devoirs en classe ou à faire à domicile. Il ne faisait donc que plagier : modifier les chiffres et parfois les phrases. Dans la quête de ma valeur au sein de la classe, j'avais pris l'initiative de corriger tous les exercices dans un cahier que je donnai à l'enseignant pour correction. L'enseignant, après avoir corrigé, a décidé de me remettre ce cahier devant mes camarades. Sur quatre-vingt-quinze problèmes traités, j'avais réussi quatre-vingt-treize ; et je n'avais commis des erreurs de calcul que sur deux exercices. Ce jour-là fut celui de gloire pour moi. Tous mes amis me regardaient différemment. Je devins la star de l'école. Cette manière de faire a fait que je sois considéré et respecté par mes amis à l'école.

Au collège et au Lycée, j'utilisais les vieux cahiers de mon cousin Rodrigue, ce qui me permettait d'avoir une avance sur les cours. J'organisais mes questions avant d'aller à l'école et souvent j'anticipais les types des questions que pouvaient poser les enseignants en classe. Cette préparation des cours me permettait de participer aux différentes discussions en classe et répondre aux questions parfois considérées comme difficiles par mes homologues. Les chefs de classe avaient aussi de l'influence parce que c'était eux qui, en l'absence du professeur mettaient de l'ordre et notaient sur un bout de papier les noms des bavards. La liste close était remise en mains propres à l'enseignant qui à la fin définissait la punition à infliger aux bavards. Tout le monde voulait être ami avec le chef de classe car celui-ci s'abstenait d'inscrire souvent les noms de ses amis. Cependant, pour être chef de classe, il fallait être premier de la classe lors des examens.

Ne possédant rien qui puisse attirer les autres, être chef de classe était un objectif pour moi. Je devrais donc fournir beaucoup d'efforts afin de mériter cette position. Toutes ses stratégies m'ont permis pendant tout mon cursus scolaire d'occuper le poste de chef de classe pour gagner de la valeur aux yeux des autres.

Beaucoup d'enfants abandonnent les études à cause de la frustration. C'est toujours difficile de voir les autres jouer avec les plus belles filles de l'école, avoir les meilleures notes et surtout, bien s'exprimer en classe et comprendre tout ce que dit l'enseignant.

Beaucoup d'enfants dans les écoles ne comprennent pas tout ce que disent les enseignants lorsqu'ils ne parlent que leurs langues maternelles. Je me souviens que nous nous sommes un jour moqués d'un enseignant parce qu'il avait utilisé l'expression : « le tabac de la même pipe ». Pour nous, cet enseignant n'était pas intelligent. Il aurait dû dire : « le cabri de la même pipe » pourquoi ? Parce que, dans notre langue, « Taba » signifie « cabri ». Nous pensions donc qu'il parlait du mouton et qu'il ne savait pas comment le dire en français et qu'il a donc utilisé la langue locale. Mon oncle John nous a expliqué qu'il ne s'agissait pas du cabri, mais effectivement du tabac utilisé dans une pipe. Là aussi, nous nous sommes moqués de lui parce que pour nous, c'est la cigarette qui est utilisée dans une pipe et que le mot tabac n'existait pas en français. Plusieurs enfants ont déjà abandonné l'école à cause de ce genre de situations, ou l'interprétation était calamiteuse. Pendant que j'étais au lycée, un ami venu du village comme moi, avait arrêté les cours à cause d'une erreur de français, faite en classe. En voulant s'excuser de cette dernière commise, qui avait fini par énerver le professeur. Il se leva et dit : « S'il vous plait monsieur, je veux prendre mes excusassions ». Toute la classe éclata de rire et mon ami se sentit gêné. « Excusassions » était devenu son patronyme. Hypersensible, ne pouvant pas maitriser ses émotions, il décida précipitamment de rentrer au village et abandonner les études.

Ce sont là des exemples qui montrent chaque niveau du processus de sortie de la pauvreté. L'enfant victime de la pauvreté générationnelle est confronté à plusieurs défis qu'il doit relever s'il veut aller de l'avant. L'intelligence ne nous empêche pas de mieux comprendre nos objectifs et nous battre pour les atteindre. Elle nous permet aussi de gagner le respect et parfois d'arriver à des endroits où nous n'espérions point arriver. L'exemple le plus probant peut être puisé dans l'histoire de l'allemand Werneher Von Braun qui était l'un des principaux ingénieurs responsables du vol des fusées allemandes de type V2, le premier missile balistique de l'histoire. Dans l'administration d'Hitler, il atteint le grade de SS-*Sturmbannführer*, un grade paramilitaire du parti nazi. Grâce à ses talents d'organisateur et ses compétences techniques, son équipe d'ingénieurs met au point des fusées de puissance croissante. Cette dernière, d'une masse de treize tonnes et dotée d'une portée de plus de trois cents kilomètres, est conçue dès le départ pour servir de missile balistique avec une charge militaire de plus de huit cents kilogrammes. Elle effectue son premier vol en 1942 et constitue une avancée majeure par rapport à toutes les fusées développées jusque-là. Sous l'appellation V2, le missile est lancé depuis des rampes mobiles à plusieurs milliers d'exemplaires sur les populations civiles du Royaume-Uni au cours des deux dernières années de la Seconde Guerre mondiale.

Après la seconde guerre mondiale, alors que plusieurs officiers allemands sont traqués, jugés et condamnés, Wernhervon Braun et les principaux ingénieurs ayant participé au projet V2 sont récupérés par les forces américaines. Von Braun est placé à la tête d'une équipe constituée principalement d'ingénieurs allemands. Au début des années 1950, l'équipe de Von Braun est installée à Huntsville où elle développe les premiers missiles balistiques de l'armée de terre américaine. Lorsque la course à l'espace est lancée à la fin des années 1950, c'est la fusée JunoI, développée par ses équipes, qui place en orbite le premier satellite artificiel américain Explorer 1. Spécialiste reconnu des lanceurs, il devient responsable du centre de vol spatial Marshall créé par l'agence spatiale américaine (la Nasa) pour développer la famille de fusées Saturn. Il joue un rôle pivot dans le développement du lanceur Saturn V qui permet le lancement des missions lunaires Appolo, qui est un programme spatial de la NASA mené durant la période 1961 – 1975 qui a permis aux États-Unis d'envoyer pour la première fois des hommes sur la Lune.

Wernhervon Braun, grâce à son intelligence, est passé du Nazi à la Nasa alors que les autres officiers se faisaient juger et décapiter pour les mêmes fautes. L'intelligence doit donc être un objectif de vie pour une personne issue de la pauvreté. Être intelligent ne relève que de notre propre volonté. C'est donc un choix. Voulez-vous sortir de la pauvreté générationnelle ? Alors, devenez intelligents et avancez en toute confiance.

Être intelligent dans une famille pauvre est aussi un danger parce que vous pouvez être traité à tort de « sorcier » ou magicien. Mais gardez en tête, vos objectifs. Même lorsque l'école conventionnelle ne vous permet pas d'avancer, vous devez vous lancer dans la formation par vocation. Si vous avez des aptitudes en agriculture, en menuiserie, etc., lancez-vous dedans et appliquez-vous. Formez-vous dans ces domaines et excellez. Souvenez-vous toujours de cette citation de Martin Luther King, lorsqu'il dit : « Si vous ne pouvez pas voler, alors courez ; Si vous ne pouvez pas courir, alors marchez ; Si vous ne pouvez pas marcher, alors rampez ; Mais quoi que vous fassiez, vous devez continuer à avancer ».

L'intelligence émotionnelle

Comme dans chaque étape du processus de sortie de la pauvreté, les défis sont énormes. Le passage de la culture de la pauvreté à celui de la richesse provoque souvent beaucoup de crise dans notre environnement d'origine. Que faut-il faire pour relever ces défis ? Il faut faire face à ces défis et aussi s'armer de l'intelligence émotionnelle. Car, l'intelligence émotionnelle est perçue ici comme la capacité d'identifier ses émotions et celle des autres, de les comprendre, de les contrôler ou les ajuster en fonction des circonstances. Sans cette intelligence émotionnelle, votre parcours de combattant pour sortir de la pauvreté risque de ne pas donner les résultats escomptés.

A mon retour des Etats-Unis lors de ma participation au programme Mandela Washington Fellowship, j'avais pris l'initiative de travailler pour le changement dans ma communauté. J'avais rencontré cinq-cents jeunes leaders africains qui avaient chacun une activité que je pouvais copier pour améliorer les conditions de vie dans ma communauté. J'avais rencontré des hommes d'affaires américains qui pouvaient investir dans ma communauté. Et surtout, j'avais une bonne relation avec l'ambassade des Etats-Unis d'Amérique qui est un grand partenaire de développement en République du Congo.

Avec l'ambassade des Etats-Unis, nous avions effectué une mission dans ma communauté pour faire un état des lieux et voir à quel niveau l'institution américaine pouvait s'y investir. Ce voyage exploratoire a été un succès pour moi car à la fin, je devrais discuter avec le programme alimentaire mondial, l'Unicef et

47

d'autres organismes internationaux en vue de signer des partenariats de développement avec ma communauté. Malheureusement, quelques semaines après cette mission, alors que j'étais à Brazzaville, la capitale du pays, pour les rencontres avec ces organismes, j'ai été rappelé d'urgence dans ma communauté pour une histoire que je ne comprenais pas au départ.

L'un de mes cousins était tombé malade, l'hôpital avait diagnostiqué un paludisme mais les parents disaient que l'esprit de l'enfant aurait été volé par moi, de manière mystique. Le coup de fil reçu exigeait ma présence au village d'urgence. Car, c'était une question de vie ou de mort. J'ai voulu dans un premier temps faire attendre la famille, le temps pour moi d'avoir cette rencontre avec la représentante Afrique du Programme des Nations Unies pour le Développement et lui présenter les projets que j'avais montés pour ma communauté dans l'espoir de chercher les financements. Mais les directives de mon père étaient strictes. Je devrais rentrer au village dès le lendemain. J'ai donc dû abandonner toutes les rencontres que j'avais programmées. Un retour qui n'était pas aussi facile par rapport à l'état de la route et la qualité des véhicules utilisés.

Arrivé au village, j'ai été surpris des explications qui m'ont été données. Devant une foule venue de tous les coins du village, les sages et les chefs de quartiers, la femme de mon oncle, la mère de l'enfant malade, prend la parole. Elle dit sans vergogne : « Tu étais allé aux Etats-Unissoi-disant pour une formation. Cependant ta rencontre avec le président Obama nécessitait que tu sacrifies une personne, c'est pour cela que tu es revenu ici au village avec une délégation des blancs pour leur montrer la proie dont ils devaient retirer l'esprit. Et cette victime est ton propre cousin ! »

Intérieurement, je trouvais l'affaire très drôle mais vu l'expression de la haine dans le regard des gens qui m'encerclaient, je résolus de prendre cela très au sérieux. Qui pouvait douter les paroles d'une femme, dites en public ? Même pas quelques sceptiques de mon côté ! Je sentis la trahison, pas celle de Judas dans la bible, mais celle de ma propre communauté, dont je prenais des risques énormes pour sortir de la pauvreté ! Beaucoup de personnes ont déjà perdu la vie pour ce genre de superstitions dans le pays. Certains innocents ont déjà été brûlés vifs, un pneu autour du cou arrosé d'essence, après avoir été injustement accusés de sorcellerie. Je compris que c'est dans ce genre de situation à risque qu'il faut savoir gérer avec célérité et un calme conscient. Quand il y a des actions ou des personnes qui s'efforcent à vous tirer vers le bas, il faut agir vite. Je dois donc utiliser mon intelligence émotionnelle pour comprendre ce qui se passe. Je me suis donc mis à leur place. La question qu'il faut se poser en ce moment est : « Que penserais-je si j'étais dans leur situation, dans leur condition mentale ? ». La réponse à cette question m'avait ouvert l'esprit : j'avais grandi dans cette culture de la pauvreté où près de quatre-vingt-dix-sept pour cent d'enfants n'ont pas atteint ou fini le cycle du lycée.

Sans comprendre le processus de sélection au Programme, ils m'ont vu prendre l'avion pour les Etats-Unis, participer à un programme du gouvernement américain où aucun jeune de la région n'avait déjà pris part et que seuls, cinq congolais ont été sélectionnés cette année. Ils m'ont vu rentrer la toute première fois au sein la communauté avec des blancs dont le prestige était affiché par leur habillement, leur voiture luxueuse. Cette délégation, où il y avait un seul noir, qui était moi leur progéniture, était conduite par le représentant de l'ambassade des États Unis. C'était inédit, incroyable. Comment expliquer ce fait démesuré dans le mental d'une communauté où près de quatre-vingt-dix-sept pour cent de la population n'était jamais connectée sur internet et que tout ce qu'on ne parvenait pas à comprendre et à expliquer, relevait directement de la magie ou de la sorcellerie ?

Tenter d'expliquer le processus de sélection, de ma présence dans cette délégation dont j'étais le seul noir enfant de la contrée, était inutile parce que personne ne comprendrait. Je me suis donc soumis à la sagesse africaine en demandant aux sages du village de trouver une solution. Sans surprise, la solution proposée était d'emmener le cousin chez un féticheur. Sans trop poser des questions, j'ai accepté la procédure tout en soulignant que le malade devrait continuer à suivre son traitement du paludisme.

Face à cette campagne de diabolisation contre ma personne, plusieurs personnes reconnaissantes m'ont conseillé sur le champ, de ne plus rien faire de bien dans cette communauté. Ce serait la solution la plus facile pour moi. Mais l'intelligence émotionnelle m'a permis de les comprendre, de les pardonner et de continuer d'avancer dans l'accomplissement de mes objectifs. Chers lecteurs, sur votre chemin vers la sortie de la pauvreté, vous serez confrontés inévitablement à ce genre de difficultés, de désagréments. Retenez que ceux qui échouent sont ceux-là qui abandonnent au premier obstacle. A chaque contrariété, laissez l'émotion de côté et utilisez la raison car les émotions ne feront que vous ramener à la case de départ. C'est grâce à cette expérience et apprentissage que je compris que l'éducation est un héritage noble qu'un père issu d'une famille pauvre peut laisser à sa descendance.

• **Les relations**

A ce propos, nous constatons que l'être humain est un être, communautaire, sociétaire, grégaire et que nous ne sommes rien sans les autres. Nous comprenons par-là que l'être humain en tant que tel, n'est jamais suffisant. Pour sortir de la pauvreté, nous avons besoin de créer les relations stratégiques. Les personnes issues de la culture de la richesse ont compris ce principe de base depuis longtemps, parce que l'humain marginal va inéluctablement s'écrouler dans ses activités organisationnelles. C'est pour cela qu'elles ont créé au niveau des relations internationales des groupes comme le G20, le G8, et les structures comme la Silicone Valley où les personnes et les entreprises échangent pour avancer.

Les personnes issues de la culture de la pauvreté doivent aussi créer des relations stratégiques qui leur permettront d'aller de l'avant. Ces relations nous permettront d'échanger nos expériences de connaitre les difficultés de chacun et les astuces utilisées pour aller plus vite. Ces relations doivent être créées dans les deux sens : dans votre culture et dans la culture de la richesse.

Dans notre culture, le but est de favoriser les gens à saisir, à adopter, eux-mêmes, la décision de sortir de la pauvreté. Lorsque dans votre communauté, vous êtes plusieurs personnes désireuses de changer les choses, vous verrez que le poids de la responsabilité sera amoindri. C'est ce qui se passe dans les organisations comme l'Union Européenne. Ils ont compris que la pauvreté dans un pays comme la Pologne affectera automatiquement l'Allemagne et les autres nations. C'est pour cette raison qu'ils mettent en place des politiques pour stabiliser tant soit peu, l'économie dans tous les pays de l'Union.

Voyons, à présent le comportement affiché par les nouveaux riches, sortis tout frais, de l'exécrable état de pauvreté. L'erreur que commettent ces personnes dans leur immense majorité, est qu'une fois hors de cette calamité, elles oublient carrément d'où elles viennent. Elles partent s'installer ailleurs, parfois sans raison apparente. Là-bas, elles vont, de temps en temps, envoyer de l'argent à ceux qui sont restés pour l'entretien et pour subvenir à leurs besoins essentiels. Avec le temps, ces économies finissent par prendre un coût et elles retombent dans la misère. En conséquence, on pourrait leur apprendre à pêcher le poisson elles-mêmes que de leur en offrir.

Avant que je n'atteigne ma puberté, poursuivant mon éducation, ma grand-mère ne cessait de me dire : « Averty, lorsque tu seras grand et que tu auras les moyens, tu devras tout faire pour sortir tes prochains et tes lointains de la précarité, de misère ou de pauvreté. Et leur indiquer ensuite comment à leur tour, stimuler leurs semblables à faire autant. C'est seulement en faisant cela que vous parviendrez tous ensemble à faire de cette communauté un meilleur endroit pour vivre ». La joie n'est vraiment joie que lorsque tu la partages avec tes semblables. Il est autant pour la richesse et la connaissance.

En dehors de ta communauté, nous devrions aussi créer des relations stratégiques avec les personnes issues de la culture de la richesse. Les enfants qui grandissent dans la culture de la richesse ont des rêves très différents de ceux qui grandissent dans la pauvreté. Pendant que l'un rêve de devenir un grand chasseur afin de pouvoir manger tout un gibier seul dans la forêt, l'autre rêverait d'être un grand avocat international. Bref, le niveau d'aspiration n'est jamais le même selon que nous soyons pauvres ou riches. D'où, il est donc important d'entretenir des relations avec les personnes issues des cultures de la richesse, pour apprendre d'elles, certains secrets que nous ne connaissons peut-être pas. C'est pourquoi, la sagesse de chez nous commande d'abord de « mieux de se renseigner auprès de quelqu'un qui connait la route et le milieu, avant de s'y engager ». Ajoutons encore une autre : « L'intelligence de la pirogue n'est valable que lorsque nous sommes encore sur la rive, une fois dans la pirogue... » Ces deux exemples nous permettront de présager, de projeter et de connaitre les bons et les mauvais côtés, les avantages et les inconvénients d'une situation, d'un être et d'une chose, afin d'affronter l'avenir avec beaucoup de tact, de méthodes et d'assurance.

Compte tenu de ce qui précède, nous observons souvent que dans des écoles, les enfants issus des classes sociales similaires aiment souvent se retrouver entre eux. C'est une erreur grave qu'ils commettent, laquelle finit parfois par rencontrer des effets néfastes dans leur processus de sortie de la pauvreté. Dans les lycées, comme fut le nôtre à Sibiti, il y avait toujours des groupes formés en fonction des origines ethniques. Beaucoup de personnes aiment avoir les amis qu'ils dominent. Les amis qui dépendent d'eux et qui doivent toujours les écouter. En faisons cela, vous ne bénéficierez pas de grand-chose.

A l'école, soyez amis avec les élèves intelligents car ils vous permettront de connaitre certaines choses dans des conversations parfois même banales. Un exemple simple : Gladys était ma meilleure amie au lycée. Elle était plus jeune que mois, mais très intelligente en classe. Elle était parmi les filles qui avaient toujours les meilleures notes. Elle était très difficile à convaincre et parfois elle m'énervait dans ses prises de position. Mais, c'est avec elle que je faisais des recherches. Chaque fois qu'elle finissait de lire un chapitre du cours, elle venait me l'expliquer, sur le chemin de retour. Ces longs entretiens nous faisaient oublier la distance et la sensation de fatigue, créaient un rapprochement entre nos deux personnalités. Les résultats de cette symbiose, voire de cette osmose furent très puissants et à la hauteur de mes attentes. À la fin, je n'avais donc plus besoin de relire et d'étudier les leçons qui faisaient l'objet de nos débats, tant ses explications étaient claires comme l'eau de source. La compréhension était facilitée, tant ses raisonnements furent logiques. Mon observation des choses, des êtres et des problèmes de la vie avait augmenté comme par enchantement, ce qui me donnait une croissance à la compréhension des enseignements de philosophie.

Quelques semaines avant le Baccalauréat, alors qu'elle revenait du marché, elle vint me voir pour me poser cette question embarrassante :« Est-ce qu'un homme peut être le même en des temps différents ? ». Ne comprenant pas le contexte de sa question, je lui demandai aussitôt de m'apporter les explications. Elle m'expliqua qu'il s'agissait d'un sujet de philosophie qui pourrait venir à l'examen. Tout de suite, nous nous mimes à évoquer plusieurs chapitres des différents cours de philosophie. À la fin, elle conclut en disant que ce questionnement philosophique pouvait englober plusieurs chapitres philosophiques comme la conscience, l'inconscient, l'État, la religion, Dieu etc… La conversation s'était arrêtée là.

Le premier jour de l'examen arriva avec sa cohorte de soucis et de fraicheur matinale. Les épreuves furent distribuées parla surveillante du jour. Les mains tremblantes, lorsque j'ouvris mon épreuve de philosophie, quelle surprise ! C'est la phrase que Gladys avait écrite en première ligne, lors de notre dernier entretien ! Le sujet disait : « Suis-je toujours le même en des temps différents ? ». Avec une émotion contenue, je refermai la feuille d'épreuve. Le cœur battait très fort dans ma poitrine. J'eus envie de crier son nom. Mais je constatai qu'elle n'était pas dans la même salle que moi. Aussitôt, il me fallait une détente pour mon cerveau, car les pensées se bousculaient dans ma tête. Je fermai les yeux, les coudes posés sur la table. Je me concentrai avec facilité. La feuille de brouillon fut vite remplie, les idées traitées la veille avec Gladys me revenaient aisément dans ma mémoire apaisée. Grace aux différents chapitres et aux arguments évoqués par Gladys lors de notre conversation, j'ai rédigé sans problème mon devoir de philosophie, validé heureusement par la conclusion de Gladys sur la question philosophique. Ainsi, je fus le premier à déposer gaillardement ma copie au propre, sur la table de l'examinatrice du jour. D'un pas léger, je sortis de la salle, sous les regards insistants des policiers qui surveillaient aux abords de la salle d'examen.

Scrutant le groupe d'élèves qui se tenaient sous les manguiers, j'aperçus sa silhouette svelte que je reconnaissais facilement. De son regard scrutant la foule des candidats excités par le compte rendu du travail abattu par chacun, elle leva sa fine main droite pour me héler.

• Ah ! Te voilà, je savais que tu me cherchais aussi ! Quel sujet as-tu traité ? me demanda-t-elle avec ses beaux yeux pétillants d'un plaisir innocent.
• Avec sourire non masqué, je répondis aussitôt : « Comme tu l'as deviné, je viens de traiter ton sujet ». Nous causâmes sans retenue, tout en prenant notre sandwich.

Je me rendis compte que la conversation banale avec une amie intelligente venait de m'aider dans mon processus de sortie de la pauvreté. Deux mois après, lors de la proclamation des résultats, c'était sans surprise. Gladys et moi étions admis à notre baccalauréat et prêts à affronter l'université. Félicitations à mon amie. « Dis-moi qui tu fréquentes et je te dirais qui tu es », dit le dicton.

- **La santé**

S'il y a quelque chose qui peut freiner l'élan de tout être humain dans une fraction de seconde, c'est bel et bien la santé. Le parcours de sortie de la pauvreté est composé tellement de beaucoup de défis qu'il exige à tout combattant, de jouir d'une bonne santé. J'ai vu beaucoup de mes amis abandonner les études et les formations à cause d'une santé fragile. Lorsque vous êtes encore jeune, vous devez faire attention à votre santé parce qu'elle détermine souvent la suite de la vie. Il revient donc à tout homme engagé dans la voie de sortie de la pauvreté de faire attention à sa santé. L'application des règles élémentaires de la vie doit être de mise. Ces règles sont les suivantes :

a) **Manger bio, équilibré et sainement** :

L'une des caractéristiques de la pauvreté est le manque de nourriture. Je suis conscient que lorsqu'on est pauvre, il est difficile de manger à sa faim. Cependant, il est possible de sélectionner des aliments bénéfiques à notre santé. Le sacro-saint « mangez cinq fruits et légumes par jour » est une règle que vous avez sûrement dû entendre des dizaines et des dizaines de fois ; mais il y a une raison pour cela. Ces fruits et légumes ont un rôle protecteur dans la prévention de maladies apparaissant avec le temps, comme les maladies cardiovasculaires, l'obésité, le diabète... Ils apportent aussi les vitamines, minéraux et fibres nécessaires pour le bon fonctionnement du corps. Les fruits et les légumes agrémentés d'une bonne chair de poissons sont des bons médicaments pour la santé.

b)   Pratiquez une activité physique régulièrement

Pratiquer une activité physique régulière est primordial pour votre santé, et ce à tous les âges. Une activité physique permet d'entretenir le corps et l'esprit, de diminuer la mortalité et de prévenir là aussi l'apparition de certaines maladies comme le cancer, les maladies cardio-vasculaires, le diabète, ou d'être en surpoids. Cela permet aussi de lutter contre le stress et de mieux dormir. L'exercice physique est très bon pour le cœur.

c) Buvez beaucoup d'eau

L'eau c'est la vie. Elle est indispensable à notre survie. Il est démontré qu'une personne ne peut pas survivre plus de trois jours sans boire. Si elle osait le faire ce serait mettre sa vie en danger. Notre corps est composé de soixante à soixante-dix pour cent d'eau. Boire de l'eau permet ainsi de conserver une certaine forme, nous assure une bonne forme mentale également et a des vertus pour notre santé. Il faut donc que vous vous assuriez de boire assez d'eau dans une journée pour être en forme. Il faut donner du travail à nos reins, car chaque rein est capable de filtrer cent litres d'eau par jour. Ne les laissons pas sous-emploi quotidien. Voilà pourquoi les médecins recommandent de boire entre les repas, 1,5 à 2 litres d'eau par jour, pour une personne adulte.

d) Dormez suffisamment

Le manque de sommeil peut avoir des conséquences graves sur notre humeur, notre état mental, notre état physique, peut perturber notre métabolisme voire augmenter le risque de développement de certaines maladies. Autant de raisons qui doivent nous pousser à adapter notre rythme de vie pour bénéficier d'assez d'heures de sommeil. Selon la National Sleep Foundation américaine, le nombre d'heures de sommeil recommandées dépend de votre âge. Cela va de 14 à 17 heures par jour pour les nouveau-nés à 7 à 8 heures pour les séniors (+ de 65 ans). Un adolescent (14 à 17 ans) aura besoin de 8 à 10 heures de sommeil, un jeune adulte (18 à 25 ans) de 7 à 9h et un adulte (26 à 64 ans) de 7 à 9 heures de sommeil. Sachons que le sommeil est un bon médecin naturel, donné par la vie.

e) Évitez de fumer et de boire d'alcool

Pour être en bonne santé, la cigarette et le tabac sont fortement déconseillés. Le tabagisme est la première cause de mortalité évitable dans le monde. Selon l'Organisation Mondiale de la Santé, le tabac est la cause directe de 5,4 millions de morts en 2004 et 100 millions pendant le XXe siècle. L'alcool est une autre cause de mortalité importante : il est associé à 2,6 millions de décès dans le monde en 2016. Et si on a longtemps cru qu'un petit verre de vin ou une bière de temps en temps n'était pas si néfaste pour la santé, une récente étude a confirmé que ce n'était pas réellement le cas. Le résultat le plus surprenant est que la consommation d'alcool, même en petites quantités contribue à la perte de santé à l'échelle mondiale selon Emmanuela Gakidou, professeur de santé publique à l'université de Washington.

Je voudrais aussi citer une autre cause conduisant à la dégradation de la santé de la femme. J'ai connu des filles qui ont laissé tomber leurs rêves à cause d'une grossesse non désirée. J'ai vu des filles arrêter leurs vies au lycée à cause d'un avortement clandestin, des jeunes se suicider après la prise des drogues fortes. Lorsque nous avons des rêves à réaliser, notre vie devient précieuse et nous devons tout faire pour être en bonne santé en évitant de tels désagréments.

• L'argent

C'est l'argent qui dirige le monde, dit-on. Les hommes puissants aujourd'hui dans le monde sont ceux-là qui possèdent d'énormes sommes d'argent qu'ils ne parviendront même jamais à tout consommer avant de quitter ce monde. C'est l'argent qui définit la valeur de l'homme aujourd'hui. Or, la pauvreté est caractérisée par le manque d'argent. Pour avoir de la valeur, l'enfant issu de la pauvreté générationnelle doit tout faire pour entrer en sa possession, par des moyens honnêtes. Pour cela, il doit s'informer, se former afin de pouvoir gagner de l'argent. Le monde dans lequel nous vivons est en perpétuel changement. D'où l'importance de bien choisir la formation à suivre. Les études doivent se faire en fonction du besoin sur le marché de l'emploi ou les formations en entrepreneuriat qui nous permettront de créer nous-mêmes nos emplois.

Une fois l'argent obtenu, peu importe le montant à notre disposition, ce qui importe le plus est sa gestion. Si notre gestion est catastrophique, nous ne sortirons jamais de la pauvreté. Il sied donc de retenir que pour avoir de la valeur lorsque nous sommes issus d'une culture de la pauvreté, nous devons travailler pour réunir les outils nécessaires qui sont l'intelligence, les relations, la santé et l'argent.

La hiérarchisation de ses outils doit être mise dans l'ordre pour éviter de tourner en rond. Beaucoup de personnes pensent qu'il suffit d'avoir de l'argent pour sortir de la pauvreté. Combien de personnes connaissez-vous qui ont été riches pendant un temps et sont devenus plus pauvres qu'avant ? C'est tout simplement parce qu'ils n'ont pas respecté cette hiérarchisation. Commencez donc à acquérir de la connaissance, des relations et la santé. Lorsque l'argent viendra, vous serez apte à le gérer et vous pourrez enfin réaliser vos rêves ; et surtout, n'oubliez pas, cette vérité : « une richesse n'est importante que lorsque vous la partagez avec les autres. »

- **La conviction**

La conviction, ici est perçue comme une force morale qui vous permet d'avancer malgré les difficultés. Lorsqu'une personne a une raison pour laquelle il accepterait de mourir, tous les obstacles deviennent des petits problèmes. Pour sortir de la pauvreté générationnelle, chaque victime doit avoir une conviction. Pour trouver votre conviction, vous devez vous poser cette question :

pour quelle raison pourrais-je accepter de mourir ? Cette chose peut être ton enfant, ta famille, ta femme, ta mère, ta ville, ...Beaucoup de personnes accepteraient de mourir pour leurs enfants. D'autres accepteraient de périr pour le pays etc.

Emery Patrice Lumumba avait une conviction : voir sa femme et ses enfants grandir dans un Congo uni et prospère. Lorsque sa femme fut arrêtée, il a accepté de mourir pour voir le rêve de sa femme et ses enfants se réaliser. Sa vie n'avait pas de valeur face à cette conviction. Nelson Mandela avait une conviction : il croyait fermement qu'un jour, l'Afrique du Sud sera une nation arc-en-ciel où les blancs et les noirs cohabiteront dans la paix et la sécurité. Pour cela, il a accepté de faire 27ans de prison au péril de sa vie pour voir ce rêve se réaliser.

Lorsque vous sortez de la pauvreté générationnelle, vous serez traité de tout dans votre société. Les autres qui y seront restés, ne comprendront pas les étapes par lesquelles vous êtes passés et commenceront à vous mener une guerre farouche. C'est donc cette conviction qui vous aidera à avancer. Toutes les dispositions pour sortir de la pauvreté générationnelle évoquée ici seraient plus faciles à mettre en pratique si une partie de notre corps est prête : notre cerveau.

Chapitre III :

APPRENDS A CONNAITRE LE CERVEAU ET SON FONCTIONNEMENT.

Dans notre lutte acharnée contre la pauvreté générationnelle, il y a un phénomène à prendre en compte afin de nous préparer et surtout préparer les futures générations à avoir des dispositifs naturels permettant d'en sortir facilement. Ce processus est tellement long que certains parmi nous ne pourrons aller jusqu'au bout. Cependant, nous avons la responsabilité de léguer un héritage positif à nos enfants.

Pour commencer ce chapitre très technique qui fera appel à la neuroscience, nous devons comprendre comme Platon qu'à la naissance, le cerveau de l'enfant est une table rase, sur laquelle rien n'est inscrit. C'est comme une carte mémoire qui est vide. En grandissant, l'environnement immédiat de l'enfant va progressivement inscrire les empreintes des sensations des réflexions, bref tout ce qui permettra à définir l'Homme dans l'avenir. C'est donc dire que les parents sont en grande partie responsables du devenir de leurs enfants. Nous pouvons décider de faire de nos enfants, les êtres intelligents et très brillants, comme nous pouvons aussi détruire leur existence par des faits et gestes parfois inconscients. Avant de rentrer dans des exemples concrets, voyons d'abord quelques parties du cerveau et leurs rôles dans le corps humain. Nous nous intéresserons spécifiquement au lobe frontal, au cortex et à l'amygdale.

Le **lobe frontal** est une région du cerveau responsable de la coordination motrice volontaire et du langage. Il contient notamment les aires qui contrôlent la coordination musculaire, et les mouvements de la tête et du cou comme la mastication et la déglutition. Il renferme également les centres de la mémoire, de la prise de décision, de la créativité et du raisonnement par analogie.

C'est donc cette partie du cerveau qui permet à l'homme de raisonner, de prendre des décisions et de créer.

Le **cortex préfrontal** est la partie antérieure du cortex du lobe frontal du cerveau, située en avant des régions promotrices. Cette région du cerveau est le siège de différentes fonctions qui concernent la connaissance dites supérieures (notamment le langage, la mémoire de travail, le raisonnement, et plus généralement les fonctions exécutives. Il joue un rôle dans le contrôle exécutif tel que la planification et le raisonnement déductif (changement de l'ensemble des règles en cours *setshifting*, résolution de problèmes complexes, récupération de souvenirs en mémoire à long terme, stratégies d'organisation et mémoire de travail).

Le **cortex orbitofrontal** est impliqué dans les processus affectifs et motivationnels à savoir le contrôle du système limbique : inhibition, codage de la valeur motivationnelle d'un stimulus, prise de décisions et contrôle de l'action basée sur la récompense, contrôle de l'humeur, comportement social.

Le **cortex cingulaire antérieur** est impliqué dans l'auto génération des comportements, le contrôle des fonctions autonomes, l'initiation de la récompense, l'intention, l'inhibition, le traitement du conflit ou de l'erreur.

L'amygdale ou complexe est un noyau pair du cerveau qui a pour mission de *décoder les stimuli qui pourraient être menaçants pour l'organisme*. L'amygdale semble en fait moduler toutes nos réactions à des événements qui ont une grande importance pour notre survie. Ceux qui nous avertissent d'un danger imminent sont donc des stimuli très importants pour l'amygdale, mais également ceux qui signalent la présence de nourritures, de partenaires sexuels, de rivaux, d'enfants en détresse, etc.

Ces différentes parties du cerveau jouent des rôles importants dans la vie de l'être humain. L'apprentissage, la prise de décision, la connaissance, l'intelligence, la résolution des problèmes, la peur, nos réactions et bien d'autres aspects qui définissent notre personnalité dépendent de ces parties du cerveau.

Pourquoi est-il important pour une victime de la pauvreté générationnelle de comprendre l'importance et le fonctionnement de ces différentes parties du cerveau ? En quoi cette connaissance est-elle importante pour sortir de la pauvreté générationnelle ? Les réponses à ces questions se trouvent dans les études menées par les plus grands neuroscientifiques du monde.

Kim Noble est une pédiatre et responsable du laboratoire de recherche Early Experience and DevelopmentLab (NEED Lab) à l'université Columbia de New York. Elle étudie l'influence des expériences précoces sur les apprentissages et la croissance des enfants. Elle déclare après plusieurs études que la pauvreté a un impact sur le cortex des enfants. Selon elle, des travaux en neuro-imagerie, ont permis de confirmer que l'impact des conditions socio-économiques est perceptible au niveau structurel, précisément dans les régions cérébrales qui supportent le langage, la mémoire et l'autocontrôle. La surface et l'épaisseur du cortex de ces zones sont significativement réduites chez les enfants vivant dans des familles en situation de précarité.

Un enfant qui vit dans la pauvreté est exposé au stress causé par son environnement immédiat. Pendant qu'un enfant d'une famille riche est supplié pour manger, celui issu d'une famille pauvre est traumatisé par le stress de savoir s'il aura ou pas quelque chose à manger avant le soir. Parfois, il est obligé de pleurer pour demander qu'on lui serve à manger. Malheureusement, dans la plupart des cas, un enfant qui pleure de faim dans des milieux pauvres est considéré comme un emmerdeur. Parfois, il est appelé à s'éloigner de la mère qui menace de le frapper avec un morceau de bois.

Je me souviens même de cette mère qui, avec un air colérique, demande à l'enfant de prendre le couteau, couper son sein et le manger. Imaginez le traumatisme d'une telle assertion chez cet enfant ! Ne comprenant rien à cette situation, l'enfant se met à pleurer à grosses gouttes. L'enfant dont le cerveau n'est pas encore mature ne possède souvent que deux êtres bien-aimés : son père et sa mère. Même au-delà du père, la mère est la personne la plus affectionnée par l'enfant. L'enfant s'imaginant en train de couper le sein de sa mère aimé ne comprend pas que ce soit une manière pour dire qu'il n'y a rien à manger. Il se dit alors que déclarer la faim peut nuire à la vie de sa mère. C'est pourquoi, certains enfants, lorsqu'ils ont faim, se retirent pour pleurer. Ces pleurs augmentent le stresse qui par conséquent endommage avec le temps son cortex en réduisant ainsi son volume. Comme conséquence, l'enfant développera des difficultés à prendre des décisions, ce qui réduit ses capacités de motivation d'apprentissage, d'estime de soi.

Nous voyons comment les comportements et cultures violentes de certaines familles contribuent inconsciemment à la destruction des enfants. La violence sur les enfants fait beaucoup plus de mal qu'on ne peut le penser. Les conséquences des violences envers les enfants peuvent aller de simples maux physiques jusqu'à l'absence d'épanouissement, comportement antisocial, anxiété et dépression. Cette violence diminue alors les capacités réelles d'apprentissage du cerveau de l'enfant, car elle affecte la formation des circuits et des chemins neuronaux. Chaque année, environ 40 millions d'enfants dans le monde sont victimes de violences et de formes diverses de maltraitance. Plusieurs familles pensent que frapper un enfant est une manière de l'éduquer. Détrompez-vous, au lieu de l'éduquer, ces maltraitances détruisent leurs cerveaux. Déjà, la majorité des enfants ne comprennent pas souvent pourquoi ils ont été frappés. C'est pourquoi, dans la plupart des cas, lorsque vous posez la question à un enfant battu, pour quelle raison a-t-il été frappé, il vous dira : « je ne sais pas ».

Contrairement à ce que l'on croit, la violence sur les enfants dépasse de loin la dimension simplement physique : blessure physique infligée au corps de l'enfant. La violence psychologique, qui consiste à ignorer ou rejeter la réaction émotionnelle de l'enfant, en l'humiliant par des gestes ou des paroles qui portent atteinte à sa dignité, est encore plus grave.

Nous avons souligné plus haut qu'à la naissance, le cerveau de l'enfant ressemble à une carte mémoire sur laquelle rien n'est inscrit. Il revient aux parents d'inscrire les valeurs et les automatismes qui permettront à l'enfant de se développer. Lorsque vous endommagez le cerveau de l'enfant avec des comportements inhumains et des phrases destructrices, ne vous attendez pas à avoir un enfant développé. Un manguier ne donne pas les pommes.

Déjà dans ma jeunesse, tout le monde dans notre maison se moquait de ma tête. A chaque erreur que je commettais à la maison, on insultait ma « grosse tête ». Le pire a toujours été lorsque cette insulte était proférée par mes parents biologiques. Comme conséquences, j'ai eu un début de puberté très difficile. Ayant à l'idée que les filles ne pouvaient m'aimer avec ma grosse tête, j'étais devenu violent envers les filles au point où je fus une fois conduit devant le conseil de discipline au secondaire.

Ma situation s'était arrangée lorsqu'un jour, ma mère rentra à la maison très en colère après avoir séparé une bagarre entre deux filles qui se battaient à cause de moi. Ces deux filles de mon école m'aimaient chacune, en silence et je n'étais même pas au courant. C'est seulement lorsque la mère de l'une des filles était venue voir ma mère pour lui parler de cette situation que je finis par croire que c'était vrai. Au-delà de la colère de ma mère, j'étais heureux. Je me suis dit que je ne suis finalement pas vilain comme mon entourage immédiat le prétend, au point de ne pas attirer l'attention des filles. « Si les filles se sont battues pour moi, c'est que je ne suis pas vilain » me suis-je dis ce jour. Et depuis, j'ai changé d'attitude envers les femmes. Ayant surmonté ma timidité imposée, je devins galant, mon intelligence rehaussant le succès auprès des jeunes filles que je rencontrais sur le chemin de la vie.

Cette bagarre était en fait une bonne chose pour moi, car elle m'avait aidé à prendre conscience de mon charme auprès des filles et de ma confiance en moi bloquée par les suggestions négatives de mon environnement. Hormis ce cas, il y a cependant beaucoup d'enfants qui grandissent sans confiance en soi à cause des insultes et mots violents de la jeunesse.

L'organisation mondiale de la Santé (OMS) définit la maltraitance de l'enfant comme « toutes les formes de mauvais traitements physiques et/ou affectifs, de sévices sexuels, de négligence ou de traitement négligent, ou d'exploitation commerciale ou autre, entraînant un préjudice réel ou potentiel pour la santé de l'enfant, sa survie, son développement ou sa dignité, dans le contexte d'une relation de responsabilité, de confiance ou de pouvoir ». J'ajouterais les injures en présence des étrangers, lesquelles touchent la personnalité même de l'enfant, créant en lui la méfiance et la négligence.

Les examens de neuro-imagerie ont montré que de la petite enfance à l'adolescence, il existe des disparités socio-économiques dans le développement du langage, des capacités de mémorisation et d'autocontrôle. Point important, aucun effet de ces disparités socio-économiques sur le cerveau n'a été constaté à la naissance. C'est cohérent avec l'hypothèse que ce sont les expériences post-natales qui impriment ces disparités dans les cerveaux des enfants. C'est pourquoi la neuroscientifique Angela Sirigupense soutient *« qu'être équipé d'un cerveau performant est précisément ce dont ont besoin les enfants issus de cette strate sociale pour espérer un jour accéder à l'ascenseur du même nom ».*

Selon un article du figaro paru en 2017, l'armée néerlandaise a fait passer des examens d'imagerie cérébrale sophistiquée à 33 soldats avant qu'ils ne soient déployés en Afghanistan pour une mission de quatre mois puis à nouveau six semaines après leur retour et enfin un an et demi plus tard. Aucun n'avait été blessé lors de la mission mais tous avaient été soumis au stress prolongé dans les zones de combats. Les résultats étaient comparés à un groupe de soldats qui n'avaient pas participé aux opérations.

Des différences nettes sont apparues au retour de mission, visibles à l'IRM fonctionnel et l'imagerie de la tenseur diffusion, une technique qui suit les mouvements des molécules d'eau dans le cerveau et renseigne indirectement sur « l'état des routes » qui le traversent. Outre les modifications transitoires présentes au retour mais disparues un an et demi plus tard, les chercheurs ont mis en évidence des perturbations durables de la circulation entre deux zones du cerveau, le cortex préfrontal et le mésencéphale, autrement dit le milieu du cerveau. « Ces résultats suggèrent que le cerveau humain peut largement récupérer des effets délétères du stress, supportant l'idée d'une plasticité cérébrale adaptative au stress prolongé », note van Wingen, « cependant, ils révèlent aussi des changements durables dans le réseau neural mésofrontal qui pourrait accroître la vulnérabilité à de nouveaux stress et conduire à des déficits cognitifs prolongés ».

En d'autres termes, un suivi prolongé des soldats s'impose durablement après des missions, même en l'absence de symptômes. Ces résultats peuvent-ils être les mêmes sur les enfants soumis à un stress prolongé dans des zones de conflits ou issus des familles pauvres ? C'est probable selon les chercheurs néerlandais et peut-être même d'une façon plus intense et plus prolongée car les civils ne sont pas, contrairement aux militaires, formés et entraînés à résister au stress prolongé. Imaginez alors les conséquences de ce stress chez les enfants ?

Alors que j'étais tout jeune, il y avait un film très violent, comme vous le savez dans la plupart, qui régulièrement passait sur la chaîne nationale congolaise. Il s'agissait du film de Lougarou. Il y avait cet homme qui se transformait en Lougarou et se mettait à tuer et manger ses compagnons. Le fils de notre voisin venait souvent regarder la télévision chez nous. Sachant que j'étais très sensible à certaines images, j'avais développé une stratégie pour ne pas voir certaines actions. Chaque fois que l'homme débutait son processus de métamorphose, je fermais mes yeux jusqu'à ce que les autres arrêtent de crier. A la fin du film, le fils du voisin demandait chaque fois à ce qu'on l'accompagne chez lui parce qu'il avait peur de rencontrer un loup-garou. Cette peur le traumatisait tellement qu'avec le temps, il avait du mal à se concentrer en classe. Chaque fois qu'il y avait un exercice difficile au tableau, il se mettait à transpirer et à pleurer. Aujourd'hui, avec ces recherches des neuroscientifiques, je me dis que son lobe frontal était peut-être endommagé par les images atroces dont son tendre cerveau était exposé tous les soirs. C'est pour cette raison que les agences de régulation de l'audiovisuel ont mis en place les icônes déterminant l'âge de ceux qui peuvent regarder un film donné. Malheureusement, dans plusieurs villages en Afrique, ils ne sont pas pris en compte et les enfants sont constamment exposés aux films des samouraïs, de guerre et autres films traumatisants.

Dans l'Afrique rurale, éloignée des technologies, en dehors des comportements agressifs à l'égard des enfants, plusieurs contes mettent en scène des êtres sanguinaires qui finissent par terroriser les enfants. Je me souviens du Lilongo, cet être imaginaire qui a hanté mon esprit pendant des années à cause des histoires racontées dans les hangars le soir après un bon repas en famille. Mais ce fait ne peut pas supprimer d'un trait la valeur éducative de l'immense majorité des contes et légendes en Afrique.

Au lieu d'être un lieu où l'on développe les cerveaux, l'école publique dans certains pays africains continue de ressembler à de véritables lieux de redressement. Certains enfants sont assis à même le sol, d'autres sur les morceaux de bois. J'ai vu une fois dans la ville de Dolisie, dans un pays producteur de bois, des élèves suivre les cours à l'extérieur de la classe par manque d'espace. Pire encore, plusieurs écoles publiques africaines utilisent encore les sévices corporels au moyen de la chicotte et des punitions indignes même des écoles militaires. Il faut associer à cela, certains enseignants et parents plus ou moins sadiques qui, pour couvrir leurs lacunes, se mettent à battre leurs enfants comme de la pâte. Des situations qui contribuent à la destruction du lobe frontal et réduisent considérablement les aptitudes de l'enfant à mémoriser et à apprendre. Lorsque le lobe frontal et le cortex n'arrivent plus à remplir leurs missions, la partie du cerveau qui est plus sollicité en ce moment reste L'amygdale. Or, nous avons vu plus haut que le travail de l'amygdale est lié à la survie. Ainsi, l'évolution de l'enfant demeure compromise, reculant de plusieurs siècles et va produire une jungle où les lions sont obligés de s'entredévorer pour la survie.

Aujourd'hui l'être humain n'arrive plus à construire un raisonnement logique. L'empathie a disparu et l'humain a du mal à vivre en société. Et vous avez dans la société des scènes du genre : deux jeunes se disputent dans la rue, un donne un coup de poing à l'autre. Ce dernier analyse les faits selon les principes de la survie et obtient deux scénarii : le premier, son adversaire est plus faible que lui et il l'attaque ; le second, son adversaire est plus fort et il fuit. Lutter ou fuir, vaincre ou périr, telle est la nouvelle logique.

D'autres études ont prouvé que les expériences traumatisantes ne disparaissent pas souvent. Les troubles anxieux sont dus à l'activation pathologique du circuit rapide de l'amygdale. C'est donc dire que le passé est toujours présent car l'amygdale réactive les émotions comme si c'était le présent et ces émotions sont une pile de traumatismes émotionnels du passé. Ces émotions emmagasinées dans le cerveau, jadis contrôlé par le lobe frontal finissent par s'échapper à cause de la destruction de celui-ci. Ainsi l'homme devient de plus en plus peureux et agressif.

De plus, les jeunes enfants étant très sensibles aux émotions d'autrui, la dépression maternelle, la toxicomanie ou l'alcoolisme de parents, les scènes de violence et de dispute, auront des effets néfastes aux conséquences durables : problèmes de régulation émotionnelle, d'image de soi, dans les habiletés sociales, de motivation dans les études, d'apprentissage, d'ajustement ; sans parler de dépression grave, comportement agressif, difficultés avec ses pairs (troubles de l'attachement), conscience sous-développée, problèmes de contrôle, délinquance et toxicomanie. C'est d'ailleurs pourquoi nous avons des vagues de violences partout dans le monde provoqué par les enfants victimes de ses traumatismes.

En Afrique, ces enfants traumatisés ont mis en place des petits groupes qui sèment la terreur dans nos villes. Au Congo Brazzaville, la pauvreté et les différentes guerres civiles ont donné naissance aux « bébés noirs », en République Démocratique du Congo, le phénomène « kuluna », en République de Côte d'Ivoire, « les microbes ». Bien avant longtemps ces comportements néfastes n'existaient pas en Afrique.

Si l'on passe les cerveaux de ses enfants aux examens de neuro-imagerie, on constatera sans doute des anomalies sur le cortex et le lobe frontal vu que ces enfants ne sont plus empathiques. Je pousserais même plus loin en disant que certains chefs d'État dans la lutte acharnée pour leur accession au pouvoir ont eux aussi été exposés aux traumatismes qui ont endommagé leurs cortex. Ce qui expliquerait le fait de voir un chef d'État stocker les milliards de dollars dans des banques étrangères alors que son peuple crève de faim.

Nous voyons à travers ces différentes études que pour sortir de la pauvreté, nous devons connaître comment fonctionne notre cerveau afin de savoir comment le gérer pour tirer les bons résultats.

Comment utiliser ces connaissances pour sortir de la pauvreté ?

Déjà, nous devrons comprendre que le bon développement de la personnalité de l'enfant et de ses aptitudes à affronter le stress et à réguler les émotions dépend des liens d'attachement solides et sûrs qu'il entretient avec les personnes de son environnement immédiat. L'enfant construit son autonomie, forme ses relations et fait l'expérience du monde à partir de ces échanges avec son environnement immédiat. Les parents et les membres de la famille sont comme les épaules sur lesquelles il s'appuie pour construire sa personnalité. Lorsque ces liens sont remplis d'amour, de compréhension, d'affection, de joie, l'enfant fait l'expérience du monde comme un lieu sûr qu'il explore sainement parce qu'il trouve réconfort et sécurité, auprès de ceux qui l'environnent.

Cependant, lorsque l'enfant est victime de violences des gens de son propre environnement, les épaules sur lesquelles il devait s'appuyer pour construire sa propre personnalité n'existent plus. Du coup, il en arrive à manifester des formes d'attachement perturbées et des habitudes anormales de réactions affectives envers ces gens violents qui ont pollué son environnement. Comprenez, sans sous-estimer le regard innocent de chaque enfant, son petit cerveau enregistre tout ce qui se passe autour de lui, qu'il soit positif ou négatif. C'est ce qu'il perçoit, quand il touche, sent, goutte et entend qui déterminera ce qu'il sera demain. Pour les préparer à sortir de la pauvreté générationnelle, cessez de contribuer à augmenter le risque qu'ils deviennent des retardés mentaux, des hommes et des femmes souffrant de toutes sortes de pathologies comportementales. Aimez vos enfants, soyez positifs avec eux, encouragez-les à être des hommes et femmes de demain, bref, préparez-les dès le bas âge à devenir des responsables.

Les adultes vont sans doute se demander ce qu'il faut faire lorsque notre cerveau a déjà atteint la maturité après être exposé aux différents comportements toxiques qui ont détruit leur cerveau.

Peut-on réparer notre cortex endommagé pour enfin trouver des portes de sortie de la pauvreté ?

Pour répondre à cette question, nous allons jeter un regard sur les notes du naturaliste et paléontologue anglais Charles Darwin, plus précisément sur sa théorie de l'évolution discutable. Darwin pense que l'espèce humaine existe sur terre depuis environ 200 mille années. Sur ces 200 mille années, l'espèce humaine a passé environ 195 mille années à vivre comme des animaux, avec deux seuls buts : manger et ne pas mourir. Ça ne fait donc que 5000 ans que le cerveau de l'être humain a évolué pour passer de la survie au bonheur. L'homme ne survit donc plus seulement mais vit. Malheureusement, comme le dit Jonathan Lehmann, certaines personnes sont coincées avec les cerveaux d'animaux en mode survie et dépourvues d'humanisme.

Cette théorie est, à un certain niveau, démontrée par les neuroscientifiques de nos jours. Ces derniers pensent que le cerveau humain ne fait pas qu'enregistrer. Il efface également certaines informations pour libérer l'espace afin d'enregistrer d'autres. Ce phénomène est appelé la **neuroplasticité du cerveau**. Cette théorie stipule que le cerveau humain est comme une pâte à modeler qui se régénère tout le temps. La plasticité neuronale représente la faculté du cerveau à se récupérer et à se restructurer. Ce potentiel d'adaptation du système nerveux permet au cerveau de récupérer après des troubles afin de réduire les effets des altérations structurelles causés par la destruction du cortex. C'est donc en termes simples, ce qui nous permet d'améliorer le fonctionnement de notre cerveau et d'apprendre de nouvelles choses. Tout n'est donc pas perdu pour les adultes victimes de la pauvreté générationnelle. Nous pouvons tous réactiver notre cerveau après être exposé aux différentes situations de notre vie.

Ces dernières années, les scientifiques ont découvert que les cerveaux adultes sont beaucoup plus malléables qu'ils avaient pensés auparavant. Cela signifie que tout le monde est en mesure de s'améliorer, de progresser et de prendre conscience des choses sans le savoir. Si vous pensiez qu'il n'y avait aucun intérêt à essayer de vous améliorer parce que vous étiez de toute façon peu imaginatifou irrémédiablement désorganisé, vous n'avez plus d'excuse. Vous n'avez pas à faire quoi que ce soit pour y arriver, explique le Dr Jenny Brockis, auteur de *The Future Brain: Les 12 clés pour créer votre cerveau de haute performance*. Le Dr Jenny explique : « Si vous êtes exposé à de nouveaux stimuli, votre cerveau se réorganise. Et si vous le souhaitez, vous pouvez littéralement améliorer votre cerveau dans les domaines comme la mémoire ou la concentration. »

Si vous voulez sortir de la pauvreté générationnelle, vous devez donc stimuler votre cerveau afin qu'il se réorganise et vous permette d'avoir les aptitudes nécessaires dans les domaines comme le raisonnement logique, la gestion du stress, la réflexion, la mémorisation, les calculs brefs, toutes ces aptitudes utiles pour la sortie de la pauvreté générationnelle.

Comment améliorer le fonctionnement de votre cerveau par la neuroplasticité ?

Pour la célèbre thérapeute Française Michèle Chaudesaigues, nous sommes des créatures d'habitude, que ça nous plaise ou pas. « Si vous vous retrouvez assez souvent dans une situation, comme faire du vélo ou utiliser un clavier, votre cerveau formera des chemins neuronaux si forts que votre réponse devient automatique. Malheureusement, votre cerveau peut aussi facilement adopter des habitudes inutiles comme utiles : prononcer un discours provoquant automatiquement une anxiété inutile, par exemple ». Si vous voulez exploiter votre neuroplasticité pour remplacer les mauvaises habitudes par les bonnes, vous devez simplement prendre l'habitude de remplacer la mauvaise habitude par la bonne. Et ceci jusqu'à ce que la bonne habitude devienne « normale ». Si vous êtes élève ou étudiant et que vous pensez ne pas être intelligent à l'école, commencez par revoir vos habitudes.

Si vous avez l'habitude de ne pas être concentré en classe, commencez par vous concentrer en classe. Soyez celui-là qui dira à votre ami distrait, qui chuchote toujours pendant que le professeur explique, de rester silencieux afin de te permettre de te concentrer. Si tu étais celui-là qui jetait ces cahiers le vendredi au retour de l'école pour les récupérer le lundi matin avant d'aller à l'école, alors change ce comportement et regarde tes notes tous les soirs avant de dormir. Si tu étais ce père ou cette mère qui ne regardait jamais le cahier des enfants à leur retour de l'école, alors commence par le faire car cela pousse l'enfant à être plus studieux, laborieux et attentif en class. Commence par remplacer les mauvaises habitudes par les bonnes.

Les scientifiques pensent que les chemins neuronaux sont incroyablement fragiles lors de leur première formation, alors vous devez les entretenir et veiller à ce qu'ils restent intacts et se renforcent dans la pratique. « C'est un peu comme lorsque vous apprenez à conduire une voiture pour la première fois – on est maladroit, incommode et malhabile au début, mais avec la répétition, et avec le temps, cela devient beaucoup plus facile », explique un scientifique. Michèle Chaudesaigues nous demande de ne pas nous attendre à une solution unique car vigilance et discipline sont nécessaires. « Vous ne cassez pas les habitudes, elles s'affaiblissent quand vous les remplacez par de nouvelles habitudes plus puissantes. Et quand vous ressentez un peu de pression, les niveaux de stress montent et vous revenez par défaut aux anciennes habitudes. Le cerveau est câblé pour réutiliser le chemin le plus simple, celui qu'il connaît le mieux. » C'est d'ailleurs pour cette raison qu'il n'est pas bon de laisser perdurer les mauvaises habitudes, le cerveau s'y adapte facilement. « Chassez le naturel et il revient au galop » dit le dicton.

S'entourer de bonnes personnes aide aussi à réactiver son cerveau. Un adage populaire stipule : « Dis- moi avec qui tu fréquentes je te dirai qui tu es ». C'est dire que les amis intelligents peuvent vous aider à stimuler votre cerveau et vous pousser à réaliser vos rêves.

J'ai participé au programme Mandela Washington Fellowship qui est un programme du gouvernement américain mis en place par le Président Obama lequel permet de préparer les leaders qui seront appelés à façonner l'avenir du continent africain. Pendant ce programme en 2015, je me suis retrouvé avec cinq cent jeunes leaders africains, vecteurs du changement dans plusieurs pays d'Afrique. Aujourd'hui, je fais partie d'un réseau de plus dix mille jeunes leaders africains. Ce réseau m'a entre autres permis d'activer certaines parties de mon cerveau qui gèrent l'apprentissage des langues et m'a aussi poussé à changer mes aspirations et ma vision du monde. En 2013, lorsque j'ai lancé Espace Opoko, mon organisation de bienfaisance axée sur l'éducation des peuples défavorisés, je voyais juste ma petite communauté de Bambama. En frottant mon cerveau avec ceux des autres jeunes leaders africains, mes aspirations ont grandi, ma vision a traversé les frontières et l'impact de mes activités touche aujourd'hui plusieurs pays. Il est donc important de choisir ses amis et de discuter souvent avec des bonnes personnes.

Nous devons aussi choisir les films et les programmes télé que nous regardons car il a été prouvé que la visualisation activait les mêmes parties du cerveau que l'évènement réel. C'est pourquoi il est souvent important de regarder certains programmes télé qui peuvent aider à activer le cerveau comme les documentaires et les émissions scientifiques.

Pour booster notre cerveau, nous pouvons aussi ajouter l'alimentation. Il y a certains aliments qui aident à maintenir notre cerveau en forme. Nous pouvons citer entre autres : les œufs, le soja, le chocolat noir, les amandes, les noix, les noisettes, la banane, les raisins, les fruits et légumes, la viande, le poisson, le foie, le poulet, la liste est longue. Si nous sommes tous d'accord que le cerveau est le moteur qui joue un rôle capital dans le devenir de l'homme, nous serons autant d'accord que connaître son fonctionnement et savoir l'utiliser peuvent nous aider à sortir de la pauvreté générationnelle.

Après avoir lu ce chapitre, vous comprenez maintenant comment il est important de bien gérer le cerveau de vos enfants. L'avenir de vos enfants dépend de vous. Si vous voulez avoir des enfants intelligents, alors sachez désormais comment se comporter et agir afin de ne pas endommager leurs cerveaux. A nous-mêmes les adultes, sachons que tout n'est pas perdu, tout le monde peut régénérer son cerveau et devenir tout ce qu'il veut dans la vie.

Nous pouvons donc tous sortir de la pauvreté, il faut juste avoir la volonté, être persévérant et surtout, être patient.

Chapitre IV :

LA PATIENCE

Dans mon village, chaque arbre fruitier porte le nom de la personne qui l'a planté. Tous les habitants du village connaissent ainsi tous les noms de ces arbres. Un jour, alors que je revenais de la cueillette des fruits très prisés en Afrique centrale appelés safous et atangas au Gabon et au Cameroun, je me suis rendu au hangar de mon grand-père Charles. Avec l'aide d'un bâton à plusieurs fourches, il avait accroché sept safous et les tournoyait autour du feu pour les faire cuire. Avant de rentrer dans le hangar, j'envisageais lui poser une question. Je venais de constater que tous les grands-pères et arrières grands-pères possédaient un arbre fruitier dans le village, sauf grand-père Charles. Je lui posai alors la question de savoir pourquoi dans le village aucun arbre ne portait son nom.

Sa première réponse fut simple : parce que je n'ai rien planté, dit-il. Lorsque j'ai posé la deuxième question de savoir pourquoi n'avait-il rien planté, cette fois sa réponse m'a paru un peu choquante. Il me dit : « Tu veux que je plante pour que tu puisses consommer demain ? À mon âge, même si je plante, ce n'est pas évident que je puisse consommer les fruits parce que je ne serai plus de ce monde des vivants. Si tu veux consommer beaucoup de fruits dans le futur, alors, il faut planter pendant ta jeunesse ». Dans l'immédiat, j'étais en colère car je ne comprenais pas ses paradigmes. Aujourd'hui, en comprenant les paradigmes du milieu de la pauvreté, cette vision peut être comprise. En réalité, dans la culture de la pauvreté, les humains consacrent leurs efforts sur le court terme, sur la survie. Tout ce qui n'est pas utile dans l'immédiat est considéré comme une perte de temps ou de ressources.

La pyramide des besoins de l'être humain présentée par le psychologue Abraham Maslow présente bien cette situation. Selon

Maslow, nous recherchons d'abord à satisfaire chaque besoin d'un niveau donné avant de penser aux besoins situés au niveau immédiatement supérieur de la pyramide. Sans surprise, on recherche par exemple à satisfaire les besoins physiologiques (manger, se vêtir, boire…) avant les besoins de reconnaissance (être reconnu, apprécié …). C'est pour cette raison par exemple qu'une personne qui a des difficultés à se nourrir et à se vêtir aura du mal à avoir un compte épargne en banque. Qu'une personne qui a faim mette à la poubelle son honneur et son respect pour demander des pièces dans la rue. Pour mon grand-père, le plus important dans la vie était donc de satisfaire des besoins immédiats car c'est ainsi que vivent plusieurs personnes dans le monde.

Nombreuses sont des personnes qui ne travaillent que pour payer le loyer, nourrir la famille, les vêtir et les soigner. Nombreuses sont des personnes qui travaillent pendant plusieurs années et se retrouvent avec rien le premier mois que l'entreprise ferme ses portes. Lorsque nous ne travaillons que pour satisfaire les besoins à court terme, nous ne pouvons jamais sortir de la pauvreté générationnelle. Nous devons donc travailler sur le long terme. Nous devons nous fixer des objectifs à atteindre dans le long terme qui nous permettront de changer notre situation actuelle. Comme nous le savons tous, le long terme exige de la patience.

En parlant de la patience, je ne demande à personne de subir les coups de la vie. Patienter ne veut pas dire rester les bras croisés à attendre que la situation s'améliore toute seule. Mais commencer à travailler pour améliorer sa situation et attendre que son travail porte des fruits. Tout le monde aimerait sortir de la pauvreté générationnelle, mais peu de gens travaillent efficacement pour en sortir. Beaucoup de gens abandonnent à la première difficulté sans savoir que ce sont des difficultés sur notre chemin qui nous prépare à être plus forts, plus persévérant et plus patient.

Personne ne peut sortir de la pauvreté du jour au lendemain. Même lorsqu'on vole pour devenir riche, on finit toujours par mal gérer cette richesse et retomber dans la pauvreté. C'est seulement ce qui se gagne par l'effort et la persévérance qui peut nous assurer une sortie propre de la pauvreté. Lorsque j'avais huit ans, j'aimais aller au village de ma mère. Il se trouve à vingt-neuf kilomètres de celui de mon père où j'ai grandi. Dans le village de ma mère, il y avait certaines libertés et activités ludiques qui m'intéressaient. A chaque pleine lune, la nuit on organisait des danses et plusieurs autres activités ; et malgré mon jeune âge, ma grand-mère maternelle m'autorisait d'y aller. Avec les amis, on passait d'agréables moments à nous divertir par des jeux d'enfants. Ces choses n'existaient pas dans le village de mon père et les petits enfants de mon âge avaient des heures spécifiques pour aller dormir. Il était strictement interdit de dépasser ces heures sans aller au lit.

J'aimais donc passer du temps au village de ma mère là où les enfants étaient un peu plus libres. Seulement, je viens d'une culture patriarcale où l'enfant appartient au père. Passer plus de temps au village de ma mère était donc mal vu par mes tantes et oncles paternels. Les rares fois où j'avais l'autorisation d'aller au village de ma mère, non seulement le séjour était toujours raccourci et limité, mais je devrais également aller à pied. Imaginez donc combien c'était difficile à un enfant de huit ans de parcourir une distance de vingt-neuf kilomètres à pied ! Ne connaissant pas calculer les distances exactes, je comptais le nombre des villages sur le trajet. Il fallait traverser trois villages pour arriver à destination. La distance était très longue pour moi, car escalader et descendre les montages en pleine forêt était un exercice très difficile. En effet, je devais parfois courir pour rattraper les ainés qui marchaient plus vite que moi. Malgré la douleur aux pieds, malgré la peur dans la forêt, je me concentrais plus sur les bonnes choses que je devais avoir là-bas : l'idée de revoir ma grand-mère maternelle, mes amis, et surtout les danses du soir et la façon dont je m'amuserai. Ma décision en tant que garçon étaitd'avoir une grande motivation d'être endurant, de braver ma peur, de supporter la douleur aux orteils et d'avancer. Aujourd'hui, je me rends compte que, tout comme cette longue et pénible marche, cette expériences apparente au parcours sur le sentier de la sortie de la pauvreté, qui a aussi ces montagnes et forêts, et qui exige autant d'audace, de motivation pour braver la peur, être endurant et supporter la douleur.

En conclusion, pour réussir, il faut toujours garder la tête fixée sur ses objectifs et se munir de patience, tout en travaillant avec abnégation, toujours garder présent à l'esprit que tout ce que nous voulons faire est possible. Il faut également briser les limites qui font croire qu'un enfant issu d'une famille pauvre ne peut jamais devenir milliardaire. Il est possible qu'une personne sans diplôme devienne un entrepreneur. Il est possible de changer de situation sociale, bref, tout le monde peut devenir celui qu'il veut être dans la vie. Mais tout cela demande de détermination car, en dehors de la nature qui procède parfois par changements brutaux, les êtres humains évoluent graduellement. Lorsque nous sommes coincés dans la satisfaction des besoins primaires, nous ne pouvons pas avoir des visions sur le long terme car ce qui compte, c'est la satisfaction des besoins immédiats. Cette manière de faire crée dans nos sociétés certains paradigmes difficiles mais pas impossibles à changer.

Le paradigme ici est perçu comme une représentation du monde, une manière de voir les choses, les êtres et les circonstances, un modèle cohérent qui repose sur un fondement défini. Dans plusieurs pays par exemple, le paradigme le plus répandu est celui de la place de la femme dans la société. Dans plusieurs communautés, la place de la femme est dans la cuisine.Nous savons aujourd'hui que ce paradigme est dépassé, mais il faut du temps pour changer la donne dans les têtes de plusieurs personnes. Beaucoup de familles ont donc mis en place au cours des siècles, un paradigme dangereux qui consiste à mystifier la réussite et normaliser l'échec. C'est d'ailleurs pour cela que dans certaines communautés, tous ceux qui réussissent dans la vie sont considérés comme des magiciens, des sorciers rejetés par leurs communautés. Sortir de la pauvreté dans ce genre de milieux demande donc le changement des paradigmes.

Cependant, ces paradigmes, construits pendant plusieurs générations, ils sont ancrés dans les mémoires collectives devenues victimes de cette pauvreté générationnelle. Pour sortir un peuple de la pauvreté, il faut commencer par changer les paradigmes. Or, quelque chose qui est ancré depuis les années, ne peut être extirpé et remplacé du jour au lendemain, par un bâton magique, il faut donc faire preuve de patience.

Dépassés par les problèmes de la vie et les difficultés liées à la pauvreté, il arrive parfois que nous ayons du mal à être patients. Ainsi, pour acquérir et pratiquer cette vertu, tout comme pour la gestion de la colère, il existe des exercices simples qui peuvent nous aider à réaliser l'expérience de la patience. L'exercice que j'aime et que je pratique souvent est celui qui consiste à prendre une résolution tous les matins en affirmant : « Aujourd'hui, s'il y a des situations non désirables qui se passent dans ma vie, je vais pratiquer la patience ». Avec le temps, cette résolution deviendra une habitude, puis une partie de nous et il sera plus facile pour nous de manifester partout, à tout moment cet état d'être patient. Dans la quête de la patience, afin de cheminer vers la sortie de la pauvreté générationnelle, il y a deux obstacles subtils dont il faut aussi faire attention : l'orgueil et l'amour-propre.

Chapitre V :

L'ORGUEIL ET L'AMOUR-PROPRE COMME OBSTACLES

Pour comprendre la suite du processus de notre voyage vers la sortie de la pauvreté générationnelle, nous allons de nouveau nous appuyer sur l'allégorie de la grenouille. La grenouille ici va représenter, notre fameux guerrier, victime de la pauvreté, et qui souhaite pourtant s'éjecter. Dans plusieurs cultures africaines, il est dit « que les chiens ne font pas les chats ». Souvent, les enfants des chasseurs sont dits prédestinés à devenir des chasseurs ; ceux des artisans sont eux aussi appelés à être artisans. C'est d'ailleurs pour cela qu'on nous parlera d'une grande lignée des guerriers ou des chasseurs. Nous avons donc des traditions fixes, qualifiées souvent de prédestinées. La mobilité sociale est à cet effet un concept qui est quasiment inexistant dans des familles victimes de la pauvreté générationnelle. Il est clair que la grenouille doit mener une vie de grenouille, dans son milieu naturel.

Cependant, lorsque nous décidons de quitter notre milieu naturel et nous nous mettons à lutter pour changer de statut social, de ce fait, nous avons acquis des nouvelles connaissances, nous avons eu de la valeur aux yeux de nos semblables, nous avons eu des relations fiables, et dans certains cas, nous avons désormais la possibilité de disposer plus de moyens financiers que les autres dans la famille ou dans la communauté. Ces changements qui s'opèrent dans nos vies ne modifient pas en réalité notre nature de pauvre ou mieux de grenouille, mais donnent l'occasion aux autres de nous apprécier sainement. Ils le font parce qu'ils commencent à voir en nous, la matérialisation du concept de mobilité sociale.

En voici là l'illustration. Le fils du chasseur est devenu le meilleur élève d'anglais du lycée. Tous les lycéens l'aiment et le respectent. Les filles courent déjà derrière lui car, ses ailes commencent à pousser. La fille du récolteur de vin de palme fait des meilleures notes à l'université, la chaîne nationale de télévision est passée l'interviewer ; elle a fait la une des journaux de la capitale. Le fils du village a été sélectionné par un programme de leadership du gouvernement américain, est allé aux Etats-Unis et a rencontré le président Obama. Cette période de notre parcours sur le chemin de la route vers la sortie de la pauvreté générationnelle est très cruciale. Elle constitue en réalité, le résultat des différents efforts consentis entretemps.

Malheureusement, dans les cultures de pauvreté, ces résultats sont souvent placés sur la notion de l'exceptionnalité. Nous allons tout de suite nous mettre à penser que nous ne sommes pas une grenouille comme les autres. Nous oublions le travail et les efforts consentis tout le long du parcours pour n'accepter que l'idée de l'exceptionnalité et même de l'intervention divine. « Je suis exceptionnel », « Je suis différent de tout le monde », « c'était mon destin », « c'est la grâce divine » etc. Voilà le genre des phrases que nous pouvons être appelés à prononcer par ignorance. Or, au moment où nous les prononçons, nous tombons dans le piège de l'orgueil et de l'arrogance. La psychologie constructionniste stipule que l'être humain construit sa réalité en fonction de ce qui est important pour lui. Lorsque nous faisons quelque chose et que nous constatons que les gens aiment et apprécient, notre tendance par la suite est de continuer à le faire. En croyant être à l'apogée, le grand risque est celui de plonger les yeux clos dans l'orgueil et l'arrogance. Dans cet état d'ivresse morale et d'exaltation, nous allons penser que nous sommes exceptionnels, ce qui nous amène à cesser d'apprendre et à faire ce qui est important pour notre lutte vers la sortie de la pauvreté. Or, la loi de l'effort stipule que les compétences qui ne sont pas aiguisées régulièrement finissent par s'étioler et deviennent obsolètes.

Voyons maintenant la suite. Wabeba, était un jeune très brillant dans mon village. Nous le surnommions « l'homme à la mémoire d'éléphant ». Il avait la capacité de mémoriser les discours des hommes politiques après les avoir écoutés une seule fois. Il était aussi le journaliste sportif du village. Avec les mots et phrases justes, comparables à ceux des journalistes professionnels, il commentait chaque dimanche nos différents matchs de football. Dans le village, dans la contrée tout le monde aimait ce qu'il faisait. Après l'obtention de son BEPC, diplôme qui lui donne accès au lycée, Wabeba quitte le village pour la ville de Sibiti. À Sibiti, il utilise et unit sa capacité de mémorisation à l'intelligence, pour bien étudier et comprendre la philosophie.

Grâce à ses talents, il se fait des nouveaux amis et gagne en respect. Sa renommée traverse les frontières de l'établissement. Au lycée, tout le monde l'avait désormais baptisé Mr. le philosophe. Il était devenu la fierté de tous les lycéens ressortissants de sa communauté. La nouvelle de son intelligence au lycée ne tarda pas à se propager jusqu'à son village d'origine. La grenouille qui est sortie a commencé à briller partout.

Pendant les grandes vacances, revenus au village, Wabeba devint sans surprise, (sa réputation l'ayant précédé) une référence, un fascicule de philosophie auprès de ses camarades. Tous les parents ne juraient que sur son nom. C'est lui qui écrivait toutes les lettres du village. Tout le monde l'invitait à venir lire les lettres venues de la ville. Il était aussi chargé de rédiger et lire les discours lors des cérémonies de retrait de deuil. Il avait des réponses à toutes les questions. Tout ce travail, il le faisait généreusement comme le recommande la vie au village. Toutes les filles du village voulaient l'avoir comme copain, surtout comme époux...

Lors des réunions politiques, c'est Wabeba qui parlait au nom du village avec les jolis mots tout en prenant quelques répliques des phrases des grands discours des hommes politiques de l'époque. Il était devenu « le dieu de la parole » dans le village.

Toute la période des vacances, son égo s'enflait démesurément. Ses amis l'évitaient maintenant, car ils trouvaient son discours inadapté à leur niveau. Les jaloux, les songeurs qui avaient toujours à dire et à médire, inventaient des histoires croustillantes sur lui, puisqu'il évitait les contacts avec les filles volages, qui ne pouvaient même pas philosopher avec lui. Il ne savait pas s'adapter au niveau de ses interlocuteurs, qu'il vexait par des reproches, et en français avec ceux qui utilisaient la langue maternelle. Ainsi, un observateur impartial de la vie de notre héros, comprit qu'il lui fallait un coach pour lui enseigner quelques notions sur le développement personnel.

À la rentrée scolaire prochaine, Wabeba retourne en ville pour poursuivre son cursus scolaire. Malheureusement, il n'est plus considéré comme un dieu. Plus rien ne nourrit son amour-propre. Les éloges de sa communauté commencent à lui manquer. Juste après le premier trimestre, son cœur n'étant plus alimenté en compliments par ses amis, il décide brusquement de rentrer au village. C'est la fin de ses études, car la grenouille en lui a choisi de rester dans la marmite, afin de profiter de la belle vie au village. La grenouille était finalement repartie dans son environnement pour bénéficier des avantages éphémères qui ne feront que le garder dans son état initial de pauvreté générationnelle. Son orgueil et son amour-propre l'avait aidé à perpétuer l'héritage de la pauvreté qu'il a reçu de ses parents.

Dans notre lutte pour sortir de la pauvreté générationnelle, notre plus grand ennemi à ce stade n'est pas autrui. Notre plus grand ennemi capable de briser tous nos rêves réside à l'intérieur de nous. C'est ce que nous allons appeler ici par **barrières internes**. Notre orgueil et notre amour-propre vont nous rendre incapables de recevoir le feedback objectif de la part de nos proches. Ils nous détachent de la réalité et poussent à nier le danger. Dans cette situation, on arrête de se battre, d'avancer et on recule. Jean de La Fontaine, inspiré des écrits du fabuliste de l'Egypte antique, Esope, illustre bien les risques de notre arrogance dans la fable intitulée : Le lion et le moucheron. Voici ce qu'enseigne cette fable :

LE LION ET LE MOUCHERON

Va-t-en, chétif Insecte, excrément de la terre.
C'est en ces mots que le Lion

Parlait un jour au Moucheron.
L'autre lui déclara la guerre.
Penses-tu, lui dit-il, que ton titre de Roi
Me fasse peur ni me soucie ?
Un Bœuf est plus puissant que toi,
Je le mène à ma fantaisie.
À peine il achevait ces mots
Que lui-même il sonna la charge,
Fut le Trompette et le Héros.
Dans l'abord il se met au large,
Puis prend son temps, fond sur le cou
Du Lion, qu'il rend presque fou.
Le Quadrupède écume et son œil étincelle ;
Il rugit, on se cache, on tremble à l'environ ;
Et cette alarme universelle
Est l'ouvrage d'un Moucheron.
Un avorton de Mouche en cent lieux le harcelle,
Tantôt pique l'échine, et tantôt le museau,
Tantôt entre au fond du naseau.
La rage alors se trouve à son faîte montée.
L'invisible ennemi triomphe, et rit de voir
Qu'il n'est griffe ni dent en la bête irritée
Qui de la mettre en sang ne fasse son devoir.
Le malheureux Lion se déchire lui-même,
Fait résonner sa queue à l'entour de ses flancs,
Bat l'air qui n'en peut mais, et sa fureur extrême
Le fatigue, l'abat ; le voilà sur les dents.
L'Insecte du combat se retire avec gloire :
Comme il sonna la charge, il sonne la victoire,
Va partout l'annoncer, et rencontre en chemin
L'embuscade d'une Araignée :
Il y rencontre aussi sa fin.
Quelle chose par là nous peut être enseignée ?
J'en vois deux, dont l'une est qu'entre nos ennemis
Les plus à craindre sont souvent les plus petits ;
L'autre, qu'aux grands périls tels a pu se soustraire,
Qui périt pour la moindre affaire.

Cette fable nous présente deux morales explicites : la première nous recommande de juger à leur juste valeur, nos ennemis qui semblent inoffensifs et sont parfois les plus dangereux. L'orgueil, l'amour-propre, l'esprit de suffisance, l'arrogance, la prétention peuvent nous sembler inoffensifs, mais rassurons-nous, ils constituent en réalité des ennemis redoutables de la réussite. L'orgueil va nous pousser à nous sentir supérieur aux autres. Il nous empêche d'être réceptif et met des barrières sur notre propre évolution. Nous allons être tentés de dénigrer les autres en utilisant des phrases du genre : « Qu'est-ce que tu peux encore m'apprendre ?».

La seconde morale de cette fable nous rappelle que, le fait de vaincre certains grands combats ou dangers ne nous met pas à l'abri d'une mort ordinaire ou subite. Nous pouvons suivre plusieurs étapes soulignées ici pour sortir de la pauvreté, mais une seule erreur, un seul moment d'inaction peuvent nous faire reculer jusqu'au point de départ. Nos petits succès deviennent des barrières à notre évolution dès le moment où nous oublions que les compétences s'acquièrent et se maintiennent. Nous ne devons pas laisser les petits succès que nous avons accumulés dans la vie, détruire nos rêves. Ne laissons donc pas ces petits pièges internes, ces petits serpents venimeux, jeter à l'eau tous les efforts du combat que nous menons depuis plusieurs années.

Le principe moderne de l'évolution est la formation continue. Dans la culture de la pauvreté, il n'est pas rare d'entendre quelqu'un dire qu'il a fini ses études. L'on considère parfois qu'avoir une licence c'est finir les études. Or, en le disant, on ne sait pas que la finition est le stade final de l'achèvement. Il faut comprendre qu'en réalité on ne finit jamais les études car la vie elle-même est une étude interminable. Lorsqu'on considère l'école en termes de finition, on quitte la logique de la formation continue et on reprend le sens contraire de l'évolution pour retourner d'où l'on vient. Le piège sur l'évolution d'une personne victime de la pauvreté générationnelle est plus à voir en interne qu'à l'externe.

Quand tu réalises de petits succès, les gens vont t'applaudir. S'ils le font c'est parce que tu es une grenouille qui fait des efforts et que ces efforts sont visibles. Ne prends pas ces applaudissements comme un achèvement de ton combat. Les gens te jugent selon la perception qu'ils ont de la grenouille. Considère-toi alors, comme une grenouille qui fait des efforts pour sortir de la pauvreté. Ce ne sont pas les applaudissements qui font de toi ce que tu es ou ce que tu deviendras. C'est plutôt l'effort que tu consens à sortir de ta situation qui fait et qui fera que les gens t'applaudissent. Lorsque tu sais que ce n'est pas toi qu'on applaudit, mais tes efforts, cela te pousse à beaucoup travailler et à continuer de briller. Il est donc opportun et essentiel, dans notre lutte de la sortie de la pauvreté générationnelle de créer nous-mêmes notre propre vision. Tu peux prier, c'est bien si tu as la foi, mais il faut toujours demander à ton Dieu de te donner l'effort de continuer à apprendre. Ne dis pas merci à Dieu d'avoir fait de toi une grenouille exceptionnelle, mais remercie Dieu de t'avoir accordé la possibilité de fournir les efforts, de maintenir ce qui fait de toi une grenouille différente des autres.

Les gens qui décident de réussir savent que les connaissances qu'ils ont accumulées ne seront peut-être plus utiles demain. C'est pour cela qu'il est nécessaire de se placer dans la logique de ne jamais cesser d'apprendre. Ils ne se prennent pas pour le centre du monde parce qu'ils savent qu'il y aura d'autres personnes qui viendront et seront plus grandes qu'eux. C'est d'ailleurs pour cela que les gens qui réussissent n'ont pas peur de partager les informations et les opportunités avec les autres, dans le but de leurs permettre aussi de se trouver hors de la pauvreté. Quelqu'un peut connaître tout ce que tu connais, mais il ne deviendra jamais toi. Alors, on ne doit pas avoir peur de partager les opportunités avec les autres.

En Afrique, il y a un adage qui dit que « deux coqs ne peuvent pas chanter sous le même toit du poulailler ». Cela signifie qu'une maison ne peut avoir deux leaders. C'est malheureusement cette manière de voir les choses qui fait que ce soit effectivement en Afrique qu'on a le nombre le plus élevé des pauvres. Je ne dis pas là une évidence. Mais, notre arrogance et notre orgueil nous pousse souvent à piétiner les autres pour se hisser au sommet de la société.

On veut être celui-là qui est applaudi, qui est adulé. Celui-là qui donne aux autres et celui-là que les autres aiment. Nous oublions que c'est l'union qui fait la force. Que lorsqu'on est seul dans une famille à sortir de la pauvreté, on finit par y retourner parce qu'on ne peut gérer seul tous les problèmes de la communauté. À ce stade de la lutte, certaines personnes deviennent dangereuses pour les autres. Elles vont commencer à voir les efforts des autres comme une compétition. Chaque fois qu'elles voient un jeune ou un adulte évoluer, elles font le nécessaire pour le noyer. Chaque fois qu'elles voient une petite grenouille chercher à s'éjecter de l'environnement tiède, elles l'enfoncent de plus belle jusqu'à la tête. Lorsque leur orgueil les empêche d'évoluer, de même elles font le tout pour empêcher l'évolution des autres, pour qu'elles continuent de se présenter comme des personnes exceptionnelles. Se faisant, elles deviennent un danger pour elles-mêmes et pour toute la communauté.

Dans son processus de sortie de la pauvreté générationnelle la grenouille n'a que deux options : soit elle poursuit son avancée, soit elle s'arrête et recule. Les personnes bloquées dans leurs barrières internes sont souvent très mal intentionnées. Elles sont conscientes qu'elles ont atteint leurs limites et ne peuvent plus avancer. Leur souci majeur n'est plus l'évolution des autres. Mais ils souhaitent stopper l'évolution de tous dans le but de maintenir tout le monde dans la même situation décroissante. Sa bougie s'est déjà éteinte par sa faute, mais il fait le tout pour éteindre celles des autres. Ce n'est pas que le chemin s'est arrêté, c'est simplement qu'il ne peut plus avancer, tellement bloqué par sa propre vanité. « Qu'est-ce que vous allez encore m'apprendre que je ne connais pas ? ». Voilà la phrase fétiche qui caractérise cette catégorie de personnes.

De tels comportements sont couramment visibles dans des milieux pauvres. Certaines personnes, face à des difficultés, décident d'abandonner la lutte. Au lieu de reconnaître leurs faiblesses, ils choisissent d'accuser leurs semblables de sorciers.

Voyons le cas de Dorly, un jeune homme de mon village, héritier lui aussi de la pauvreté générationnelle. Il a abandonné ses études depuis l'école primaire. Il s'est marié très tôt et a commencé à fabriquer des enfants comme un chinois de l'époque. Plus les années passaient, plus il ajoutait d'autres enfants. Son oncle, soucieux de l'aider à subvenir aux multiples besoins de son foyer, lui fit une proposition intéressante. Il lui proposa de se rendre en ville, négocier une formation en électricité automobile. Cette formation devrait être non seulement bénéfique à Dorly, mais aussi à toute la communauté parce qu'il n'y avait aucun électricien automobile au sein de leur famille. La formation lui offrait également la possibilité de travailler dans diverses entreprises forestières et minières de la place. Intéressé, Dorly accepta la proposition et déménagea en ville pour la formation dans un garage spécialisé.

Au début, tout se passa très bien. Il commença à régler les problèmes électriques sur les motos. Petit à petit, il poussa son expérience même sur les gros bahuts, et finir par devenir populaire dans la ville.

Les jours passent, Dorly devenu l'un des plus grand dépanneur électricien de Pointe-Noire, emporté par le succès qui lui gonflait le cœur et montait à la tête, devient petit à petit hautain, discourtois, victime de son adulation. Il gagne beaucoup d'argent. Malgré les conseils de son cousin qui le logea dès son installation en ville, il s'entêta d'aller louer une maison de luxe. Il dépense sans contrôle son argent à faire boire le cercle désormais élargi de ses faux amis. Les belles filles commencèrent à affluer, à l'aduler à le suivre comme les abeilles attirées par le miel. Avec le reste de son fric, il dépanne ses nombreuses conquêtes pas toujours désintéressées. Il ne songe même pas à envoyer le moindre petit sou au village !

Malheureusement, Dorly n'a plus assez d'argent servant à entretenir la nouvelle image qu'il s'est dotée, l'image d'un jeune technicien exceptionnel et riche. Mollo mollo, pour conserver son image, il va se lancer, tête baissée dans les actes frauduleux. Il accepte par exemple les réparations en privé des voitures qu'il ne maîtrise pas encore ; il travaille sans rendre compte à son chef de garage et empoche d'importantes sommes d'argent. Cela devint une habitude banale. Il prit gout, semaine après semaine, mois après mois. Comme toute mauvaise action, les conséquences négatives ne tardèrent point à arriver. Un jour, alors qu'il travaillait, sur une voiture hors du garage, sous la canicule, celle-ci prit feu ! Les curieux des alentours l'aidèrent à l'éteindre tant bien que mal ; mais une bonne partie du moteur était brulée. Informé plus tard par le chauffeur de la voiture brulée, très vexé et déçu, le chef du garage fut obligé de le sanctionner : une radiation sur le champ.

Ne pouvant supporter les sanctions, sans chercher à demander pardon à son chef, poussé par son cher orgueil, Dorly décida de retourner au village, écoutant l'amour-propre, son mauvais conseiller ; il refusa d'être réceptif au feedback et conserva cet état de« grenouille exceptionnelle.»

Un beau matin, il prit le car qui le ramenait au village, après une longue absence. Sur le chemin du retour, démuni, amaigri, affadi, diminué, exténué et honteux, les mains vides, sans le moindre cadeau pour sa famille, Dorly devait imaginer une excuse plausible, afin de couvrir ses déboires accumulés en ville. C'est en ce moment-là, qu'il va trouver une raison qui marche bien dans des milieux pauvres très superstitieux. Il mentira à sa mère pieuse et croyante que c'est pour la protéger qu'il avait décidé d'arrêter sa formation. Il lui fera savoir que son maitre était un sorcier, qu'il l'avait contraint de sacrifier mystiquement sa mère. Que lui Dorly, avait rejeté, sans frisson, cette demande, du fait qu'il l'aimait. Chers lecteurs, quel villageois sédentaire pouvait douter et nier le témoignage d'un enfant du village, selon ses propres dires, lui Dorly, un citadin revenu de la ville, dont les proposeront rapportés par sa propre mère ?

Dans les milieux pauvres, ou la réussite est mystifiée et l'échec normalisé, ou aucune maladie n'est réelle ;aucun accident n'est naturel ;aucune mort n'est ordinaire ; aucune réussite sociale n'est normale ; ou tout est causé par la sorcellerie et la magie ! Qui oserait soupçonner son mensonge ? Dorly savait au fond de son cœur que l'excuse trouvée est très répondue dans sa communauté. Il avait calculé que son mensonge sera avalé d'office, sans eau.

Tout le plan A qu'il avait monté, fut accepté par tous, admirant même son courage de braver son maitre sorcier ! Alors, plus personne ne le poussa à repartir en ville reprendre et achever sa formation.

Cependant, inutile de vous dire que, jamais certains jeunes éveillés du village n'auraient cru cela.

Ainsi, notre grenouille est retournée dans son milieu initial, stoppant le voyage qu'il avait brillamment débuté pour sortir, lui et sa communauté, de la pauvreté générationnelle. Son subtil ennemi interne, qu'il prenait souvent pour son meilleur conseiller, l'égo fils de l'ignorance, après avoir ruiné toute sa vie et a réussi à le condamner à rester dans sa situation initiale, s'était révélé crument à lui-même. Plus de doute, Dorly le compris après, le cœur serré. Vaut mieux tard que jamais.

Quand nous formulons le désir ardent de quitter la pauvreté, nous avons le pouvoir de remporter tous les combats extérieurs, de faillir face à nos plus grands murs et démons intérieurs qui sont l'orgueil, l'arrogance, la suffisance, etc.

Certes, le travail le plus difficile à faire en ce moment est de se mettre face à son égo. D'où l'importance de prendre en compte le combat intérieur afin de pouvoir avancer en toute conscience et liberté.

Pour vous aider à faire face à vos barrières internes, plusieurs stratégies peuvent être utilisées :

1.   Avoir une équipe d'auto évaluation

Il est facile pour tout le monde de connaître les défauts des autres. D'en parler avec plaisir. Cependant, il est difficile de percevoir ses propres défauts. C'est pourquoi, dans notre lutte pour sortir de la pauvreté générationnelle, nous devons nous entourer des personnes véridiques peu importe qu'elles blessent ou non notre sensibilité. Ces personnes doivent être indépendantes de nous, après avoir reçu des consignes strictes de notre part. Les gens aiment souvent qu'on les loue excessivement. Plusieurs relations humaines sont construites sur la base des flatteries. Les gens éviteront de vous dire combien votre vérité les blesse intérieurement, estimant que leurs flatteries est d'une valeur inestimable, puisqu'ils y retirent auprès de vous des intérêts égoïstes.

Or, dans notre lutte sacrée contre la pauvreté générationnelle, nous devons avoir pour compagnons des individus sincères, amoureux de la vérité. Chaque fois qu'il nous arrive de prendre un chemin tordu, ces personnes auront la responsabilité de nous ramener à l'ordre. Prenons le cas de notre père, mère, frère, sœur ou même notre meilleur ami avec qui nous avons une affinité éprouvée.

Dans mes souvenirs d'enfance, c'est ma mère qui répondait bien à ces critères. Ma mère, même vexée par mes erreurs d'enfance, et même quand je me fâchais contre elle sans raison valable, son amour maternel demeurait toujours intact.

Lorsque j'emprunte une démarche qui me semble à première vue correcte, il est souvent très difficile de me faire changer d'avis. Beaucoup de gens de mon entourage immédiat pensent que je fais toujours ce qui me plait. A ma tête. Même lorsque je sollicite expressément l'avis d'une personne sur un sujet, le plus souvent, c'est toujours mon idée qui triomphe. C'est là un trait de caractère hérité de mon père qui me met souvent en conflit avec ma mère. Malgré cela, ma mère continuera toujours à insister si elle est certaine que le chemin que je veux prendre n'est pas bon. Face à son insistance, je finissais souvent par me poser intérieurement la question de savoir quels sont ses intérêts dans cette décision. Dans la plupart des cas, je ne trouvais jamais son intérêt. C'est à ce moment que je concluais : « si elle n'a pas d'intérêt dans ce que je fais, c'est qu'elle le dit dans mon intérêt ». Sachant qu'elle le faisait essentiellement pour mon intérêt, finalement, je prenais le soin de l'écouter. Et d'adopter son avis par la suite. Et je tiens à souligner que dans la majorité des cas, elle avait raison.

Il est donc important dans la vie d'avoir une ou deux personnes altruistes qui auront pour mission de censurer ou d'améliorer ce que nous ferons. De nous dire la vérité peu importe si elle est agréable ou amère.

Si vous manquez une personne pouvant accomplir le rôle de conseiller dans votre vie, il suffit de choisir dans votre entourage quelqu'un en qui vous avez confiance et lui conférer ce pouvoir. J'ai donné cette mission une fois à mon neveu Laudria. En amour, il peut arriver que nous aimions fort une personne au point d'oublier certaines questions importantes la concernant. Lors d'une discussion sur les pères qui abandonnent leurs enfants après avoir épousé une nouvelle femme, je fis la promesse suivante à mon neveu : « Le jour où tu me verras faire ces genres de chose à ma fille ou aux membres de ma famille, s'il te plaît, appelle- moi en aparté, là où nous ne serons que deux. Redis-moi la conversation que nous avons aujourd'hui ». De la même manière qu'en amour, nous avons également besoin de quelqu'un qui nous dise la vérité dans la vie. Cependant, évitons d'autoriser quiconque à le faire. Si vous donnez aux individus pessimistes et immatures, le droit de vous dire ce qu'ils veulent, vous risquez de recevoir plus de critiques et d'insultes, plus de faux conseils en plus, car en général, les humains désintéressés sont rares. Ils finiront par vous fatiguer et vous pousser à abandonner votre combat. Soyez donc conduits dans cette voie par votre esprit de discernement. Mettez-la en pratique pour le bien de la communauté.

2.   La supervision de son langage interne.

Il y a un concept en psychologie que les américains appellent par « self talk ». Le terme en Français c'est le monologue intérieur. C'est en réalité un dialogue, un échange de pensées, avec soi-même. Lorsque nous sommes seuls, peu importe ce que nous faisons à cette période, cultivons cette habitude de conversation tenue avec nous-mêmes. Ceux qui me connaissent, savent que très souvent, il m'arrive d'être silencieux pendant un moment et me mettre à sourire. Parfois, après un moment de silence prolongé, je saute sur un stylo et un cahier pour prendre des notes. Ce désir d'union avec soi-même, ce monologue intérieur est un élément considérable à développer lorsque nous effectuons notre voyage de sortie de la pauvreté générationnelle. Ce langage intérieur constitue un élément à surveiller, parce que tout ce que nous faisons dans notre for intérieur, finit souvent soit par sortir, soit par déterminer notre position face à une situation. C'est un langage non censuré parce que personne en dehors de nous-mêmes, ne peut l'écouter. C'est notre langage de liberté absolue. Personne ne peut donc nous aider à le censurer si ce n'est nous-mêmes.

Les gens qui réussissent sont ceux qui maîtrisent leur monologue intérieur.

Si votre monologue intérieur a tendance à rabaisser ou à dénigrer les autres, cela ne signifie pas que les autres sont mauvais, mais tout simplement que vous êtes bloqué. Cela signifie aussi que vous prenez vos prochains et vos lointains pour des menaces. Et lorsqu'on commence à prendre autrui pour une menace, on attire des énergies négatives qui finissent par nous rendre orgueilleux, paresseux, ce qui réduit nos chances de sortir de la pauvreté.

Ainsi, il se peut que sans raison, vous trouvez quelqu'un de suspect ; sans raison, vous ne faites pas confiance aux autres sans les éprouver ; sans raison, vous n'aimez pas un inconnu et ne voulez pas voir cet autre. Si dans votre processus de sortie de la pauvreté générationnelle, vous êtes encore à ce stade, juger sur la base des apparences extérieures, sachez que vous vous bloquez, vous programmez votre régression et votre chute au point de départ. Ces comportements sont souvent le fruit de vos peurs, de votre propre insécurité mentale. De ce fait, vous finissez par projeter ces énergies toxiques sur vos semblables, les présentant comme mauvais.

Un exemple très simple. Ainsi, il se peut qu'en lisant ces lignes, vous vous dites intérieurement : « Éric ne m'a pas encore déçu, mais je sais qu'il me décevra un jour ». Prenez désormais conscience que vous prenez votre propre insécurité et la projetez sur un innocent. Cet acte anodin vous rend coupable face à votre victime. Gardez ce principe présent à votre esprit. C'est comme ça que fonctionne la Loi naturelle d'Attraction.

3. Valoriser la formation continue

Lorsque nous sommes en passe de nous lancer dans la lutte pour sortir de la pauvreté générationnelle, nous devons toujours être en mouvement, nous devons avancer. Nous ne devons jamais être statiques parce que dans cette lutte, nous n'avons que deux mouvements, soit on avance, soit on recule. L'être humain est soumis à une tendance naturelle de retourner vers le mauvais. C'est ce que la physique quantique appelle la force de l'entropie. Chaque fois que nous voulons sortir d'une situation nocive, il existe toujours une force naturelle qui nous tire vers le bas dans le but de nous arrêter et nous faire reculer. Dans la lutte contre la pauvreté, nos connaissances doivent toujours être réactualisées. Les connaissances d'aujourd'hui ne seront plus utiles demain. Plus les époques changent, plus les êtres, les choses et les problèmes changent. Pour adapter les solutions nouvelles aux problèmes nouveaux, nous devons avoir des connaissances nouvelles. Il est donc important de se former, de s'informer systématiquement. De continuer à lire les livres aux nobles inspirations, les articles de presse stimulants, de faire des recherches sur internet, etc. Tout être humain est victime de la loi de l'entropie. Ceux qui stagnent et retournent à leur situation initiale ne font pas exprès. Ils sont soumis à cette loi naturelle qui nous pousse toujours à retourner à l'étape primitive. Ils échouent parce qu'ils arrêtent de se battre. Ceux qui veulent réussir doivent se battre contre cette force naturelle pour avancer. Victor Hugo ce poète de talent exceptionnel ne nous inspirait-il pas déjà à son époque, à travers cette maxime :
« Ceux qui vivent sont ceux qui luttent »

Chapitre VI :

RIEN N'EST CACHÉ, TOUT EST TRANSPARENT.
ALORS VIS COMME SI TA VIE ETAIT UN LIVRE OUVERT.

Rien n'est caché. Tout est transparent. Alors vis comme si ta vie était un livre ouvert. Dans mon enfance, nous avions un jeu qui n'était pas du tout marrant. Il consistait à cacher une personne dans la maison afin de piéger une autre à dire des mauvaises choses sur la personne cachée. Le jeu paraissait drôle au départ, mais si la personne piégée ne savait pas garder sa langue, ce jeu pouvait s'avérer très dangereux et dévastateur.

Mon oncle John m'a attiré un jour dans la maison alors que l'oncle Vincent était caché dans la chambre et nous écoutait. Il s'est mis à critiquer l'oncle Vincent en disant qu'il était, sale, vilain, bref, il a utilisé tous les mauvais adjectifs qui lui venaient à l'esprit en ce moment-là. Au début, j'étais étonné de le voir parler ainsi de l'oncle Vincent parce que les deux étaient très proches et inséparables. Au début, je suis resté tranquille et l'écoutait parler. Voulant à tout prix me faire parler, il me tend une mangue bien mûre et dit être sûr que l'oncle Vincent ne m'aurait jamais donné cela. Heureux de pouvoir sucer la mangue, j'ai tout de suite acquiescé avant de commencer moi aussi à critiquer mon oncle. Plus je dégustais la mangue, plus l'oncle John me poussait à parler du mal et je me suis laissé aller dans une série de calomnies infondées. Mon but était en réalité de pouvoir finir ma mangue.

Malheureusement pour moi, je vois la porte de la chambre s'ouvrir et l'oncle Vincent apparaît. Je me suis senti tellement mal que je ne savais pas quoi faire. Je venais de critiquer le frère de ma mère en inventant même les histoires à cause d'une mangue alors qu'il écoutait toute la conversation. Tout tremblant, ma première réaction était de fuir. Mais je me suis dit que ce n'était pas la solution, vu qu'il courait déjà plus vite que moi et que je n'avais aucune chance de m'échapper. Comme Pumba dans le roi lion, je me suis dit au fond de moi « tape- moi et qu'on en finisse ». Heureusement pour moi, il s'agissait d'un jeu et mon oncle était conscient que je venais de tomber dans le piège. Après avoir rigolé aux éclats, mes deux oncles m'ont fait asseoir et ont commencé à me transmettre les leçons de sagesse que voilait ce jeu. Averty, dit l'oncle John : « il n'y a qu'une principale leçon dans ce jeu. Ne dis et ne fais rien en privé que tu ne seras capable de défendre en public ».

Ce principe d'or doit nous servir en tant que pèlerin sur le sentier de la vie. Voilà pourquoi une autre sagesse africaine vient renforcer ce haut principe en stipulant directement : « Les murs ont des oreilles ». Ce postulat nous montre que tout finit par se savoir, rien ne reste secret dans l'univers.

Dans notre processus de sortie de la pauvreté, il est important de connaître cette règle et de la mettre en application. Nous pouvons parler du mal de quelqu'un avec un ami. Rien ne nous rassure que l'ami garde ce secret pour lui. Il arrive que les événements de la vie viennent brouiller l'amitié que vous avez et poussez l'autre à dévoiler tout ce que tu lui disais dans le secret. Ainsi, tout le mal que tu aurais dit sur quelqu'un finirait par sortir et brouiller les relations que tu pouvais avoir avec lui. C'est pour cela qu'il vaut mieux parler du bien de la personne en son absence.

La personne que j'ai rencontrée dans ma vie qui maîtrisait très bien cette stratégie que je qualifie de critique positive était mon grand-père Nzambi Alexandre. Il nous rappelait sans cesse ce dicton populaire chez les femmes africaines : « Il est difficile de garder une braise sur la langue. » Chez la femme, le secret d'une amie ou de toute autre personne brulait la langue. Mais, en tant que garçon, futur responsable, il doit faire preuve de force morale pour garder les secrets des gens et ses propres confidences.

Dans le village, la majorité des grands-parents prônaient le secret. L'homme véritable c'est celui-là qui meurt avec ses secrets dans son cœur, disaient-ils. Cette assertion était logique dans la société traditionnelle de nos grands-parents. Même dans la société actuelle, celui qui souhaite quitter la pauvreté générationnelle doit toujours compter sur ça. Chaque fois que le lutteur contre la pauvreté générationnelle envisage faire quelque chose de mal, qu'il se souvienne qu'il n'est pas seul, disait mon grand-père. Les murs ont des oreilles concluait-il en souriant.

Pour revenir sur la stratégie de la critique positive, il est clair que Nzambi Alexandre, bien que né vers 1912, était suffisamment en avance sur son temps. Il est décédé en 1994 avec la réputation de quelqu'un de bien auprès de tous ceux qui l'ont connu. Étant son petit-fils, je continue à bénéficier de la réputation de mon grand-père dans ma communauté.

Tout le temps que j'ai passé avec mon grand-père, un vieillard robuste, de teint clair, un peu vouté, mais la figure joviale, j'étais heureux à ses côtés. Aussi, mes camarades d'enfance venaient nombreux s'asseoir dans son hangar, l'écouter plaisanter. Il était légèrement chauve, mais gardait une chevelure grisonnante. Il aimait porter pendant la saison fraiche, un pagne aux hanches, surmonté d'une veste noire. Toutes ses manières étaient simples, ordonnées. Renforcer les qualités positives des gens, grands et enfants, femmes et hommes, était sa raison de vivre au sein de leur rite traditionnel de Ngoyi, dont il était l'initié. Je ne l'ai jamais entendu médire une personne. Même lorsqu'une personne venait l'insulter parce que ses enfants ou ses petits-enfants avaient commis une bêtise, il ne réagissait pas avec précipitation, préférant demeurer imperturbable. D'abord, il nous faisait asseoir à son hangar, pour nous demander, lorsque l'accalmie était revenue, de ne pas prendre ses injures au sérieux, car l'offenseur était quelqu'un de bien. Il nous montrait ensuite que chaque humain avait un coté bon et coté mauvais. Ensuite, il nous racontait des histoires sur les bonnes actions ou les bonnes expériences qu'il a vécues dans le passé avec cet homme outrageux. À la fin, on sortait de son hangar non avec l'image négative du fauteur, mais avec l'image d'une personne de bien qui eut seulement l'humeur impulsive passagère. Chaque fois que mon grand-père rencontrait n'importe quel individu, parler en bien et parler du bien des gens était la mission de sa vie. Sans exception, et sans flatterie, il prenait le temps de présenter les qualités réelles de chaque visiteur de son hangar. Il s'agit toujours du bien, jamais du mal. Cela dit, ne vous trompez pas, car il restait ferme pour redresser les renégats de la culture traditionnelle chaque fois qu'une loi de la tradition était foulée aux pieds. Par exemple, lorsqu'il était en face du jeune Anicet, il demandait les nouvelles de son oncle Moulalaka. Et dans la conversation, il s'arrangeait à conter une belle histoire ou une expérience qu'il avait eue avec Moulalaka, avant de conclure que ce dernier était quelqu'un de bien. Sans mentir, notre grand-père incarnait la manifestation du bien en le vivant et en le faisant. Il s'agit bien là du comportement de la plupart de nos anciens dans les villages, contrairement à ce que peuvent penser nos jeunes des temps dits modernes, dont les jugements restent basés sur les apparences extérieures.

Pour ceux qui connaissaient réellement mon grand-père, personne ne pouvait nier son degré de sagesse, car, dans son langage, il introduisait toujours un proverbe pour conforter son argumentation. Pour moi il était une sorte de puits à proverbes, une source de sagesse tant il en utilisait à foison, au point ou personne dans sa contrée n'avait la capacité de le contrer.

Un jour, alors qu'il venait de recevoir le vieux Malanda dans son hangar, je lui demandai pourquoi il faisait ça. Après un moment de silence, perdu dans sa réflexion sans doute pour comprendre le sens de ma question, il me répliqua : Faire quoi ?

- Chaque fois que tu reçois quelqu'un, lui dis-je, tu utilises le même plan de conversation. Tu lui demandes d'abord comment il va, lui et sa famille. Aussitôt, tu prends les nouvelles d'un proche de son entourage immédiat et tu racontes une belle histoire sur lui. Le plus souvent, tu choisis une histoire drôle étayée par un proverbe qui fait rire tout le monde. Ensuite, tu tires une leçon de celle-ci, avant de conclure qu'il était quelqu'un de bien...

• S'étant rendu compte de la précocité de ma question, il me la rendit pour me pousser à réfléchir par moi-même : « Qu'est ce qui te dit que j'utilise tout le temps ce même plan de conversation ?» Rétorqua-t-il gentiment, en tenant ma main qu'il se mit à caresser légèrement, ses yeux dans mes yeux. Je compris qu'il voulait me dire une chose importante.

• Grand-père, lui répondis-je, ça fait longtemps que je suis avec toi. Chaque fois que tu reçois les gens dans ton hangar, tu m'appelles toujours et me demandes de m'asseoir à coté de toi. Même si tu ne me dis toujours rien, j'écoute vos conversations. Tu n'utilises peut-être pas les mots ou les mêmes phrases, mais l'idée reste la même.

Mon grand-père esquissa un sourire et murmura doucement entre ses dents, une phrase à peine perceptible, qui semblait dire : « il commence à grandir ».

– Mon ami, commença-t-il, me fixant d'un air sérieux, si tu veux aller loin dans la vie, tu dois avoir des bonnes relations avec les autres. Tu ne sais pas de qui auras-tu besoin demain. Tu dois donc t'arranger à garder les bonnes relations avec les autres afin qu'ils soient toujours là lorsque tu auras besoin d'eux.

Ne comprenant vraiment rien dans tout ce qu'il disait, je lui posai la question :

– Grand-père, tu viens de parler à Malanda, certes que tu l'as fait rire en évoquant les masques du grand-père Ngoubili Antoine, mais tu n'as pas parlé en bien de Malanda devant lui-même. Tu as plutôt parlé du bien de son frère Ngoubili Antoine. Il y a donc quel rapport entre tisser les bonnes

100

relations avec Malanda en parlant du bien de Ngoubili Antoine ?

– Très bonne question, remarqua-t-il en riant aux éclats.

Après avoir maîtrisé son rire, il me dit : « Mon ami, tout ce que nous disons sur une personne quelconque, finit toujours par arriver à ses oreilles. Lorsque tu parles du bien ou du mal d'une personne même en présence d'un ami, finit par arriver auprès de la concernée. Alors, pour garder les bonnes relations avec les autres, il est mieux de parler du bien d'eux. Comme ça, même si ça arrive à leurs oreilles, ils seront heureux et vos relations seront encore plus soudées. J'ai peut-être parlé aujourd'hui à Malanda, mais lorsque je serais avec mon ami Ngoubili Antoine, je parlerai de Malanda. Par rapport aux relations que j'ai avec eux, je suis convaincu qu'ils ne pourront jamais vous faire du mal même après ma mort.

Effectivement, même après la mort de mon grand-père, le vieux Malanda a toujours été un grand soutien pour nous pendant la période scolaire. Notre école était éloignée de cinq kilomètres de notre village et le village de Malanda (Lekana) se situait au milieu, entre les deux villages. Il avait lui aussi un hangar comme celui de mon grand-père.

Un jour alors que nous partions à l'école, Malanda nous interpella dans son hangar et nous présenta une étagère qu'il venait d'installer.

- Mes amis, nous dit-il, cette étagère, je l'ai montée pour vous. Chaque fois que vous rentrerez de l'école, même si je ne suis pas là, si vous trouvez de la nourriture dessus, sachez qu'elle vous appartient. Servez-vous sans crainte.

C'était une très bonne nouvelle pour nous qui étions obligés de parcourir cette distance à pied et passer toute la journée à l'école sans manger.

Depuis ce jour, Malanda s'efforçait à nous laisser de la nourriture tous les jours. Et les jours où il ne le faisait pas, il s'excusait comme s'il venait de faire une erreur grave. « Votre grand père était mon ami, j'ai donc la responsabilité de m'occuper de vous après sa mort » nous confiait-il. C'est en cette période que j'avais réellement compris l'importance de la critique positive de mon grand-père.

Cette conversation avec mon grand-père dans son hangar peut paraître anodine. Mais sachez que nous sommes aujourd'hui à l'ère des interdépendances, du networking. Dans nos interdépendances visant à sortir de la pauvreté générationnelle, nous devons soigner nos relations avec les autres. Connaissez-vous combien de personnes qui ont détruit leurs relations à cause des médisances ?

Nombreux sont des amis qui se sont séparés tout simplement suite à un commentaire déplacé parvenu aux oreilles du concerné. Si ce commentaire était positif, au lieu de détruire la relation, il l'aurait au contraire conservée. Aujourd'hui grâce aux réseaux sociaux, nous avons des amis que nous n'avons jamais rencontrés, mais qui sont capables de nous rendre des grands services. Soigner les relations mêmes avec eux peut nous faciliter la tâche dans notre marche vers la sortie de la pauvreté.

Nous sommes aujourd'hui à l'ère du numérique où tout se fait sur internet, sur les téléphones et ordinateurs intelligents. Grâce au numérique, les sites internet et les applications ont développé les bases des données qui renferment les informations des utilisateurs. Aujourd'hui, peu de gens savent que Facebook par exemple connaît chaque utilisateur plus que lui-même ne se connaît. Tout ce que nous publions sur Facebook forme l'ensemble de nos croyances, nos aspirations, etc. Il y a des algorithmes qui permettent à ces réseaux de connaître nos besoins, nos désirs et notre façon de penser. C'est pour cela que nous recevons des publicités sur certains articles dont nous avons parlé où chercher la veille.

Faites cette expérience avec votre Smartphone : déposez votre téléphone sur la table et parlez avec un ami, sur un produit ou une école de formation. Les jours qui suivent, je vous rassure qu'en allant sur Facebook où YouTube, vous verrez les publicités sur les produits dont vous avez parlé. Sur Internet, chaque interaction avec un produit numérique génère des données. Lorsque vous visitez un site Internet, vous générez des données. Par vos choix et actions le site internet peut vous transmettre les informations nécessaires permettant à votre appareil d'afficher le contenu demandé. Cet échange de données est à la base du fonctionnement d'Internet. Sans cet échange, il n'y a pas de réseau, donc pas d'Internet.

Pour avoir accès à des informations en ligne, les sites internet communiquent avec votre appareil en utilisant votre adresse IP. L'adresse IP est un numéro d'identification qui est attribué de façon permanente ou provisoire à chaque appareil connecté à un réseau informatique utilisant le protocole Internet. C'est comme l'adresse de votre maison. Lorsque vous demandez qu'une lettre ou un colis vous soit livré à la maison, vous devez indiquer votre adresse, sinon l'expéditeur ne saura pas où l'envoyer. C'est identique sur Internet. Sans adresse de destination, aucune donnée ne peut vous être envoyée. Donc en allant sur internet avec votre téléphone ou votre ordinateur, vous donnez automatiquement votre adresse IP à ce site. Cette communication permet au site internet de collecter plusieurs données sur vous. Serez-vous curieux de savoir quel type des données collectent-ils ?

Les données collectées sont très souvent regroupées sous trois grandes catégories :

- Vos actions sur les produits. Ici, les administrateurs des sites voient les produits que vous visitez, vos interactions avec les produits (éléments sur lesquels vous cliquez, contenus que vous partagez, etc.); Le contenu écrit que vous consultez ; Le contenu vidéo que vous regardez ; Le contenu audio que vous écoutez ; Les vidéos que vous ajoutez à vos favoris sur Facebook et YouTube.

- Votre contexte lorsque vous naviguez sur les produits. Ici, les administrateurs récoltent votre emplacement géographique, dérivé de votre adresse IP ou fourni par le GPS de votre appareil mobile. Ils connaissent le type d'appareil et le navigateur que vous utilisez. Votre adresse IP et les données contenues dans les témoins de navigation appelé cookies du site que vous visitez et ses partenaires. Ils voient aussi le moment de la journée où vous interagissez avec les sites internet.

- Vos renseignements lorsque vous créez un compte Monespace. En créant un compte Monespace sur un site internet, vous laissez votre nom, votre année de naissance, votre adresse électronique.

Une fois ces données récoltées, qu'est-ce que ces sites peuvent en faire ? Elles permettent aux responsables des sites, de connaître nos comportements, nos préférences, nos goûts, etc. C'est ce qui leur permet de déterminer la performance de leurs différents produits, analyser nos comportements afin de réduire les points de friction sur leurs produits, présenter un contenu pertinent au moyen de nos engins de recommandation de contenus, nous offrir de la publicité ciblée, etc. Ces données une fois récoltées, peuvent dans certains cas, être transmises à de tierces parties.

C'est dire en d'autres termes que la vie privée en ce siècle naissant ne doit plus être perçue comme elle l'était avant l'arrivée de l'internet. Je ne dis pas que vous ne devez plus utiliser Internet. Au contraire, pour sortir de la pauvreté générationnelle, nous avons besoin d'Internet. Nous avons besoin d'Internet pour nous former, pour nous informer, pour partager nos expériences et surtout, pour créer des ponts avec d'autres communautés.

Seulement, en y allant, nous devons le faire avec l'idée que tout ce que nous faisons là-bas ne peut être caché. Tout ce que nous faisons sur internet peut être caché pendant un moment, mais finit toujours par sortir un jour. Pour comprendre cette collecte d'informations en ligne, il faut lire l'histoire d'Edward Snowden, cet agent américain de la CIA et de la NSA qui a révélé l'ampleur des renseignements collectés par les services secrets américains et britanniques. Il a notamment mis en lumière les programmes de collecte des informations en lignes, le programme GENIE d'espionnage d'équipements informatiques à l'étranger, l'espionnage de câbles sous-marins de télécommunications intercontinentales et d'institutions internationales comme le Conseil européen à Bruxelles ou le siège des Nations Unies, ainsi que de nombreuses pratiques en cours au sein de la CIA.

Dans notre processus de sortie de la pauvreté générationnelle, nous devons faire attention et surtout vivre comme un livre ouvert sachant que tôt ou tard, quelqu'un finira par voir ce que nous faisons. Les endroits les plus pauvres au monde se trouvent majoritairement en Afrique. Et en Afrique, se trouvent également plusieurs bastions de dictature. Il suffit que votre marche vers la sortie de la pauvreté déplaise à un dictateur pour que ce dernier essaie de trouver un moyen pour vous empêcher de poursuivre votre lutte. La même chose peut aussi arriver en affaires. Vous pouvez lancer une petite entreprise qui vous permettra de sortir de la pauvreté. Non contents de partager le marché avec vous, votre concurrent peut chercher à vous nuire pour vous empêcher d'avancer. Dans les deux cas, s'il ne veut pas vous éliminer physiquement, il cherchera à explorer internet, pour trouver un moyen de détruire votre image et partant, votre lutte pour sortir de la pauvreté.

Lorsque notre grenouille veut sortir de la pauvreté générationnelle et changer de statut social, le plus souvent, le monde cherche à le connaître. Très souvent, c'est à cette période que nous nous faisons des vrais ennemis et concurrents. Et c'est à ce moment que les gens commencent à fouiller dans notre vie pour chercher à nous nuire. Sortir de la pauvreté n'est donc pas un exercice aisé. Tout le monde ne veut pas nous voir sortir de la pauvreté. Même dans nos propres familles, nous avons les gens qui prennent plaisir à nous voir souffrir. Lorsque certains membres malveillants de notre famille ne sont pas contents de notre évolution, ils sont prêts à pactiser avec notre ennemi ou notre concurrent pour nous ramener vers le bas. Alors, si dans le passé nous avons fait des mauvaises choses avec ces méchants membres de la famille, ils n'hésiteront pas à les dévoiler pour atteindre leur objectif. Le combat pour sortir de la pauvreté générationnelle se mène donc sur plusieurs fronts. Lorsque tu décides de sortir de la pauvreté, tu dois soigner ta vie. Tu dois être prêt à prendre les coups par rapport aux choses que tu as faites dans le passé. La tâche sera encore plus difficile si ton passé est rempli des mauvaises actions.

Toute la stratégie humaine pour empêcher une personne à aller de l'avant consiste à montrer au grand jour tout ce qu'il a fait en privé. Or le domaine du privé est souvent basé sur le postulat : « personne ne saura ». Parce que nous pensons que personne ne saura, nous prenons souvent des décisions qui, une fois mises au grand jour, finissent par nous détruire. L'affaire Dominique Strauss-Kahn en France, l'affaire Jean-Marie Michelle Mokoko en République du Congo sont des exemples probants.

L'affaire DSK est une accusation d'agression sexuelle, de tentative de viol et de séquestration, portée par Nafissatou Diallo, contre Dominique Strauss-Kahn, directeur général du Fonds Monétaire International (FMI) depuis novembre 2007. Elle affirme qu'il a commis ces actes le 14 mai 2011, dans la suite 2806 de l'hôtel Sofitel de New York, où elle est employée comme femme de chambre depuis 2008. Compte tenu de la gravité des actes invoqués, la juridiction de l'État de New York procède à la mise en détention provisoire de Dominique Strauss-Kahn et engage une procédure pénale. Celui-ci nie les accusations et fait savoir qu'il plaidera « non coupable ». Son arrestation connaît un retentissement médiatique international, entraîne sa démission du poste de directeur général du Fonds monétaire international et l'empêche de se présenter à l'élection primaire, organisée les 9 et 16 octobre 2011 par le Parti socialiste et le Parti radical gauche, afin de désigner leur candidat commun à l'élection présidentielle française de 2012, alors qu'il était pressenti comme favori à ces deux élections.

De son côté, l'affaire Jean-Marie Michelle Mokoko concerne un procès contre un candidat à la présidence congolaise de 2016. Ce qui nous intéresse ici est un élément cité dans l'affaire : la vidéo datant de 2007 où on voit le général en train de discuter d'un plan pour chasser le président du pouvoir.

Dans les deux cas, nous voyons qu'il s'agit des choses qui se sont passées en privé, mais une fois mise au grand jour, ont fini par mettre à mal l'avenir de ces deux hommes politiques. Dans des sociétés structurées, les gens font beaucoup attention à ce qu'ils font en privé. Un scandale gardé secret par le passé peut freiner notre marche pour la sortie de la pauvreté générationnelle. C'est pourquoi il est important de savoir que tout finit toujours par se savoir, rien ne demeure éternellement caché. Nous devons vivre comme des livres ouverts.

Le monde moderne a aujourd'hui les possibilités de découvrir tout ce qui se passe sur terre, même les choses les mieux cachées. Chaque fois qu'un terroriste a été arrêté ou tué, il l'a été grâce aux nouvelles technologies. L'exemple le plus parlant est celui de Ben Laden. En réalité, la capture de Ben Laden a commencé avec une longue vidéo qu'il avait enregistrée et la chaîne Al-Jazira avait diffusé le 27 octobre 2011, dans laquelle il s'adressait directement au peuple français, leur demandant de retirer les troupes françaises d'Afghanistan contre la libération des otages français.

Ce jour-là, les services d'interception américains de la National Security Agency et les services militaires pakistanais d'interception électronique se sont aperçus que cet enregistrement avait été fait près d'Islamabad. C'est donc une simple vidéo diffusée sur une chaîne de télévision qui aurait permis l'assassinat de Ben Laden selon le journal français Le Nouvel Observateur. Pourtant bien caché pendant plusieurs années, il a fini par être repéré. Dans un monde dominé par la technologie de l'information, nous devons savoir que plus rien n'est caché. Oussama Ben Laden a basé sa stratégie de vie en disant qu'il pouvait tuer et se cacher. Par contre la stratégie américaine a été de dire que tu ne peux pas te cacher dans le monde moderne.

Au lieu qu'on découvre les mauvaises choses que nous faisons en cachette, la meilleure chose à faire est d'être transparent. Toujours avoir à l'idée que même si je fais une mauvaise action seule, les autres finiront un jour par le savoir. Les comportements de beaucoup de personnes sont influencés par les regards des autres. Beaucoup de gens font le mal avec l'idée que personne ne saura. Malheureusement, tout finit par se savoir.

Dans notre lutte pour sortir de la pauvreté, nous devons marier ce que nous faisons en privé, avec ce que nous faisons en public. Si en public vous dites que vous n'êtes pas raciste, en privé, vous ne devez pas aussi être raciste. Si en public vous dites que vous êtes une grenouille qui essaie de sortir de la marmite d'eau, il ne faut pas qu'on vous voit en privé entrain de dormir dans cette même marmite d'eau bouillante. Il doit avoir fidélité ou constance, stabilité entre ce que nous disons et ce que nous faisons, entre ce que nous sommes en privé et ce que nous sommes en public. Il est clair que c'est très difficile de le faire, mais nous devons le faire si nous voulons vraiment aller loin. Certaines personnes sont peut-être sorties de la pauvreté générationnelle avec un passé sombre, mais le monde de demain ne sera plus le même que nous avons toujours connu. Nous envisageons tous le développement, et celui-ci a ses contraintes. Lorsque nous décidons de sortir de la pauvreté, nous devons faire attention à tout ce que nous faisons. Lorsque nous publions sur Facebook, lorsque nous marchons dans la rue, nous devons toujours avoir à l'idée ce principe, le garder présent à l'esprit. Il est mieux que les gens racontent du mensonge sur nous sans preuve que de présenter la preuve de quelque chose de mauvais que nous aurions fait dans le passé.

Utiliser le principe que rien n'est caché dans la vie, nous permet de faire moins d'erreurs, de faciliter notre parcours et d'être moins naïf. Aujourd'hui, nous savons que dans les processus de recrutements, plusieurs entreprises vont chercher nos profiles Facebook. Beaucoup sont des gens qui n'ont pas été recrutés dans un emploie à cause de leurs publications Facebook car notre page reflète dans la plupart des cas, qui nous sommes réellement. Si vous êtes présents sur les réseaux sociaux, vos profils seront forcément consultés par les employeurs. En 2009 par exemple, une étude de Career Builder mentionnait que 35 % des employeurs avaient trouvé sur les réseaux sociaux, des informations qui ont influencé leur décision de ne pas embaucher des candidats. Les éléments les plus souvent cités qui expliquent le rejet d'une candidature sont les suivants :

- Propos mensongers quant aux qualifications
- Commentaires négatifs sur un employeur
- Informations ou photos jugées inappropriées
- Démonstration de faibles aptitudes communicationnelles
- Commentaires discriminatoires

Que cela nous plaise ou pas, plusieurs organisations utilisent maintenant les réseaux sociaux dans le cadre de l'étude d'une candidature ou du processus de vérification des antécédents (par exemple, en effectuant une recherche « Google » sur les candidats, en fouillant leurs profils Facebook, Twitter ou LinkedIn). Donc, afin de réduire les expériences désagréables et ne pas nuire à vos démarches de recherche d'emploi, une petite réflexion avant de publier quelque chose sur votre compte Facebook s'impose. Dans le passé, on attendait voir ce que fait la personne pour le juger. À l'ère du numérique on cherche ce que faisait l'homme dans le passé ou en secret pour le juger. Vous le savez maintenant. Il est mieux que les gens te surprennent en train de faire une bonne action qu'en train de faire une mauvaise chose.

De même, n'ayez pas peur de faire les bonnes choses en pensant que personne ne le saura. Toutes les bonnes actions que nous posons dans la vie, même dans le secret, finissent aussi par se savoir. Faites donc le bien où que vous soyez, même si personne ne vous regarde. L'honnêteté c'est prendre la bonne décision même quand personne n'est en train de regarder, dit le dicton.

Que doit-on retenir dans ce chapitre ?

* Ce que tu fais en privé doit être cohérent avec ce que tu fais en public.

* Ne dit pas en privé ce que tu ne peux pas assumer en public.

* Si tu veux parler de quelqu'un en son absence, ne le calomnie point, au contraire, parle en bien de la personne.

Chapitre VII

L'ETRE HUMAIN EST EGOÏSTE DE NATURE

Pour être un bon négociateur, il faut connaitre la nature humaine. Sur le plan génétique et depuis la nuit des temps, les humains se sont toujours focalisés sur la préservation de leur propre intérêt. Tout être humain met toujours ces intérêts en premier, avant ceux des autres. C'est ce que l'on appelle égoïsme. Tenez par exemple : face à un danger, les humains ont deux réactions instinctives. Face à un danger, notre cerveau fait une évaluation très rapide de la situation. Si nous voyons que le danger dépasse ce que nous pouvons faire, nous fuyons. Et si nous voyons que c'est quelque chose que nous pouvons vaincre, en ce moment, nous nous défendons, ou nous attaquons. Ces deux réactions instinctives déterminent ce que j'appelle l'auto préservation, une disposition qui nous permet de rester en vie face à des situations dangereuses. C'est pratiquement la même chose sur le plan psychologique. Lorsque vous faites une photo de groupe et que vous envoyez à tous les membres du groupe, chacun va d'abord chercher à voir comment il était sur la photo avant de regarder les autres. Ce qui montre ici que ce qui compte, c'est d'abord nous-mêmes, notre estime de soi, notre intérêt. Il s'agit là, d'une disposition naturelle que nous soyons blancs, noirs, jaunes ou rouges.

Malheureusement, dans beaucoup de cultures africaines, on se force à mettre cet ego sous contrôle et pousser les gens à se focaliser d'abord sur les autres avant de penser à nous-mêmes. Dans ma jeunesse, j'ai plusieurs fois vu ma grand-mère aller au champ chercher à manger. Elle commence par fouiller les cavités des petites rivières pour capturer du poisson. Ensuite, elle sillonne la forêt pour chercher les légumes sauvages, avant de passer aux champs pour déraciner les tubercules de manioc, couper un régime de bananes et rentrer au village, le soir.

De retour au village, elle fait la cuisine, partage la nourriture à tout le monde et ne réserve rien pour elle-même. Et si elle en mangeait, c'était une quantité minime restée par rapport aux autres membres de la famille. Parfois, elle gardait une part pour les absents au repas. Étonnées, mes petites sœurs qui étaient souvent avec elle dans la cuisine lui demandaient pourquoi elle ne mangeait rien, ou un peu. Elle répondait : « Une mère ou une grand-mère doit d'abord penser aux autres avant de penser à elle-même». « Une mère doit d'abord faire boire son bébé, avant de boire elle-même de l'eau.» Voilà le genre d'éducation que nous avons reçue de nos ancêtres. Loin de moi l'idée de dire que c'est une mauvaise éducation, mais lorsque nous sommes issus d'une famille pauvre, nous devons reconsidérer certaines choses. Je m'explique.

Lorsqu'on est issu d'une famille pauvre, nous passons beaucoup de temps à demander de l'aide, ce qui est normal parce que même la Bible dit : « Demandez et vous recevrez ». Malheureusement, comme le dit un adage populaire chez les riches : « On ne prête qu'aux riches ». Lorsqu'on est pauvre, le plus souvent, les gens ne nous partagent pas.

Il est facile de donner à un riche qu'à un pauvre, parce qu'en donnant au riche, nous savons d'avance qu'il pourra également nous dépanner le jour où nous serons dans le besoin. Lorsque nous sommes issus d'une famille pauvre et que nous voulons sortir de la pauvreté, nous devons être des bons communicateurs, nous devons savoir demander. « Vous demandez et vous ne recevez pas, parce que vous demandez mal» dit la Bible.

Lorsque j'ai débuté Espace Opoko, mon organisation qui soutient l'éducation des populations autochtones depuis 2013, il était très difficile pour moi de récolter les fonds et certains matériaux nécessaires pour les différents programmes. Chaque fois que je me rapprochais de certaines personnes pour demander de l'aide, elles me posaient une question simple : « Que vais-je gagner en finançant l'éducation des populations autochtones ? ». Face à cette question, je répondais simplement : « nous allons juste aider une population à sortir des mauvaises conditions dans lesquelles elle vit depuis des siècles». Les personnes polies me demandaient de partir en promettant m'appeler et elles ne le faisaient pas. Les personnes malpolies me demandaient de quitter les lieux sans jamais y retourner. « Qui es-tu pour pouvoir changer les conditions de vie de tout un peuple en envoyant rien que les enfants à l'école ? » disaient-elles.

Les gens ne me prenaient pas au sérieux parce que je demandais mal. Il était donc question pour moi de changer de méthode. J'ai ainsi débuté en présentant aux gens ce qu'ils devraient gagner en contribuant à envoyer les enfants autochtones à l'école. Aux hommes politiques, je parlais de leur image auprès des autochtones et la possibilité de gagner leurs faveurs lors des élections. Aux agents de l'administration publique, je présentais leurs positionnements au niveau des organes des Nations Unies et des ambassades accréditées au Congo comme des personnes soutenant des minorités ethniques. Et cette stratégie a plutôt bien marché vu que nous avons noté l'implication des sous-préfets, préfets et autres hommes politiques dans le projet. Lorsqu'ils ont vu leurs intérêts, ils se sont intéressés à aider. Ici, j'ai utilisé leurs intérêts pour satisfaire les miens. Ce que nous appelons en langage congolais « du donnant-donnant ».

Dans la culture de pauvreté, nous utilisons plus la pitié pour que les gens nous aident. Dans la plupart des cas, nous prenons des airs tristes pour que les autres aient pitié de nous. Malheureusement, les situations de pauvreté rendent les gens apathiques à la douleur de l'autre. Les gens se concentrent sur la résolution de leurs propres problèmes et ne s'intéressent plus aux autres.

Il suffit d'aller dans les hôpitaux pour observer cette vérité. Certains médecins et infirmier(e)s, submergés par des dettes et l'incapacité de résoudre leurs propres problèmes, négligent parfois certains malades qui n'ont pas d'argent pour s'occuper de ceux-là qui peuvent leur donner quelques billets de banque. Vous pouvez pleurer, crier, rouler par terre et même s'agenouiller devant lui avec tous les airs de pitié du monde, ils vous diront : « Nous ne pouvons rien faire pour vous parce que vous n'avez pas l'argent ». J'ai déjà entendu un médecin balancer la chose suivante à la famille d'un malade hospitalisé : « Emmenez votre frère pour qu'il aille mourir au village vu que vous n'avez pas d'argent ». Nous ne pouvons donc pas compter sur la pitié des autres pour sortir de la pauvreté. Vous pouvez crier, pleurer jusqu'à la mort dans la rue, mais les gens, indifférents vous regardent et passent. Au siècle présent, ils vont même sortir leurs téléphones pour vous filmer avec délectation et mettre vos images sur les réseaux sociaux.

Pour sortir de notre pauvreté, nous devons savoir communiquer, coopérer avec les autres. Et pour mieux coopérer avec les autres, nous devons apprendre à connaitre les centres d'intérêts de nos interlocuteurs. Une femme qui aime le respect va chercher un homme respectueux. Celle qui aime la responsabilité va accepter un homme responsable, etc. Nous savons tous qu'un véhicule diesel ne peut pas fonctionner avec de l'essence. Si vous voulez qu'un véhicule diesel fonctionne, vous devez mettre du gasoil. Et c'est une évidence observable au quotidien.

Souvent, nous parlons aux gens et nous avons l'impression qu'ils ne nous écoutent pas où qu'ils ne s'intéressent pas à ce que nous faisons. Le problème souvent ne vient pas de notre interlocuteur, mais de nous-mêmes. C'est comme un véhicule à essence que vous voulez faire fonctionner avec du gasoil. Ce n'est donc pas que la personne n'est pas motivée, mais ça veut tout simplement dire que ce que vous dites ne constitue pas son centre d'intérêt. L'illustration parfaite de cette théorie est aujourd'hui facilitée par Facebook qui, lorsque vous boostez une publication, vous pouvez sélectionner les personnes qui doivent être exposées à votre message par centre d'intérêt. C'est pourquoi, les passionnés de la politique voient tous les temps les publications politiques sur leur fil d'actualité Facebook. Les passionnées de football sont également exposées aux contenus parlant du football et ainsi de suite. Alors, si tu veux aller loin, si tu veux gagner dans la vie, être un bon communicateur faisant preuve de diplomatie, il est important de creuser dans le sens des intérêts des gens, en d'autres termes, les caresser dans le sens des poils. Ne cherche pas à les changer pour qu'ils fassent ce que vous voulez. Vous devez au contraire vous adapter à ce qu'ils veulent. C'est seulement en faisant cela qu'ils pourront vous aider à aller de l'avant.

Ma mère est l'une des rares personnes de sa famille à avoir un travail rémunéré dans la fonction publique. La cour de sa maison est toujours pleine des membres de sa famille ou des gens de son village venus pour les études ou pour résoudre d'autres cas sociaux. J'ai donc vécu plusieurs fois avec mes cousins venus poursuivre leurs études au lycée.

Ce que j'ai constaté, c'est qu'il y avait certaines personnes qui étaient tout le temps en conflit avec maman, alors que d'autres avaient des très bons rapports avec elle. Ceux qui avaient des très bons rapports étaient ceux-là qui vivaient dans la maison en prenant en compte les intérêts de ma mère. C'est-à-dire, ceux qui contribuaient aux travaux ménagers. Ils participaient à garder la maison et la cour propre. Ils travaillaient bien à l'école et les collègues enseignants de maman faisaient de bons témoignages sur leur comportement exemplaire à l'école. Ceux-là étaient des chouchous de ma mère. Elle était prête à tout pour les aider à avancer. D'un autre côté, il y avait ceux-là qui, ingrats notoires et paresseux ne voulaient rien faire à la maison. J'avoue qu'il y a des moments où je faisais partie de ce groupe qui voulait tout juste manger et dormir sans rien faire. Cette dernière bande était donc tout le temps en conflit, non seulement avec les autres qui travaillaient, mais aussi avec la propriétaire de la maison qui voyait cette attitude comme un non-respect.

Lorsqu'on est issu d'une famille pauvre et qu'on veut avancer pour changer de statut, parfois nous sommes obligés de vivre avec d'autres personnes, une sorte de famille d'accueil, loin de chez nous. Beaucoup échouent à cause de leurs mauvais comportements en famille d'accueil. Pendant que j'étais au lycée, j'avais un ami qui disait avoir des problèmes dans sa famille d'accueil. Il avait eu son Brevet d'Études du Premier Cycle et s'était installé dans la ville de Sibiti pour avoir accès au lycée. Il habitait chez son oncle paternel et disait que la femme de son oncle était très mauvaise et que son oncle acceptait tout le mal que lui disait sa femme à son sujet. Un jour, alors que je n'étais pas allé à l'école parce que j'avais mal au ventre, je me rendis chez lui pour prendre ses cahiers afin de me mettre à jour. Là-bas, la femme de son oncle s'est mise à le gronder devant moi. Elle était très furieuse et parlait avec beaucoup de rage. J'étais debout et j'écoutais religieusement. Au sortir de là, j'ai commencé à interroger mon ami sur ce qui se passait réellement. Et son discours n'a été composé que des plaintes : on l'oblige à faire les choses qu'il ne faisait pas dans son village, il est blâmé tout le temps alors que son père et sa mère ne le font pas etc.

Le véritable problème pour lui était le suivant : il est arrivé dans une famille qui fonctionne différemment. Dans sa famille d'accueil, tout le monde jouait un rôle dans la maison. Tous se complétaient, se donnaient la main même dans les menus travaux : nettoyer la maison, laver la vaisselle, puiser de l'eau et préparer les repas, étaient exécutés à tour de rôle par les enfants alors que ces taches sont souvent réservées aux filles dans les villages. Piler les feuilles de manioc et préparer la farine de manioc (foufou) étaient des travaux réservés aux garçons. Les enfants issus de ce couple, rodés depuis leur enfance, le faisaient automatiquement sans réflexion. C'est ainsi que fonctionnait cette maisonnée au quotidien. Pendant que les filles étaient à la cuisine, juste après la cuisson du repas, elles mettaient de l'eau au feu et faisaient signe aux garçons. Le garçon qui devrait préparer la farine de manioc (foufou) se présentait et accomplissait sa part du travail avec amour, avec plaisir.

En réalité, toute cette organisation était nouvelle pour mon ami fraichement débarqué du village où la cuisine était réservée aux femmes et où sa mère qui le gâtait à son insu, le traitait comme un jeune pacha. Mon ami, conscient ou non, voulait aller contre les intérêts de cette famille. Au lieu de s'adapter en marchant dans le sens des intérêts de sa famille d'accueil pour avoir la possibilité d'étudier et suivre son processus de sortie de la pauvreté, mon ami a voulu agir comme chez lui au village, ne sachant pas qu'il était en train de vouloir changer le mode de vie de sa nouvelle famille. Les conséquences n'ont pas tardé, son séjour au sein de cette famille d'accueil n'aura duré que deux trimestres. Il abandonna ses études et rentra dans son village natal.

Cet exemple, cette évidence nous montre que dans la vie actuelle, ce ne sont pas les plus rigides qui se trouvent à la porte de la réussite, mais les plus flexibles, les plus accommodants. La flexibilité mentale qui est aussi la loi de l'adaptation humaine, dont nous parlons ici, ne signifie pas que nous devons totalement oublier nos intérêts au profit de ceux des autres. Mais plutôt, placer les intérêts de nos prochains en premier pour qu'ils nous aident à réaliser à leur tour, nos objectifs. C'est donc un genre de partenariat gagnant-gagnant.

De même, pour sortir de la pauvreté, la grenouille doit connaitre les intérêts de ceux avec qui elle veut marcher. Cela lui permettra de faire un bon chemin avec les autres. Aussi, pour coopérer avec un milieu, nous devons commencer par une observation clinique de l'environnement en vue de comprendre tous les aspects pouvant nous aider à mettre en place les stratégies pour tirer profit. C'est ce que j'appelle l'égoïsme éclairé.

A l'opposé, nous avons l'égoïsme brut, (qui n'est pas seulement l'apanage des pauvres) mais souvent utilisé en Afrique et qui freine l'évolution de plusieurs communautés et pays. L'égoïste brute c'est cet homme qui ne peut pas sortir de ces centres d'intérêt pour penser à autre chose.

Un ami m'a parlé un jour d'une expérience qu'il a vécu dans son village. Il travaillait en ville, pour une ferme chinoise qui élevait des poules pondeuses. Il a trouvé l'activité très facile à mener et a décidé de débuter un projet avec sa famille dans son village. Il a commencé par acheter une couveuse. Il envoya la couveuse et les œufs chez son oncle au village. Dans sa tête, il voyait l'activité grandir petit à petit jusqu'à atteindre l'étape d'une entreprise qui donnerait du travail aux jeunes de son village. Malheureusement, la femme de son oncle a commencé petit à petit à faire les omelettes avec les œufs. Le projet s'est arrêté à la toute première phase. Dans la culture de la pauvreté, les gens se focalisent souvent à la satisfaction des besoins immédiats. Ils ne tiennent pas souvent compte du long terme.

Un autre cas. Dans mon village, vivait une veuve au nom de Mafouma qui n'avait pas d'enfant. Elle n'avait personne pour prendre soin d'elle. Elle devait travailler dur dans ses plantations pour se nourrir durant toute l'année. L'homme le plus riche du village était mon grand-père. Il ne s'agit pas ici d'une richesse monétaire mais une richesse en ressources humaines. Il avait neuf enfants et des dizaines des petits enfants. Ce qui lui faisait une bonne main-d'œuvre pendant la période de débroussaillage les champs et d'abattage des arbres. La veuve Mafouma n'avait personne pour l'aider dans ces champs. Pour trouver la main-d'œuvre, la veuve avait développé une stratégie qui a fonctionné jusqu'à la fin de ses jours. Elle était la femme la plus gentille du village. Très douée dans la préparation de meilleurs pains de manioc, chaque fois qu'elle préparait un repas dans sa cuisine, elle réservait une assiette pour un jeune du village. Si le lundi elle a donné une assiette de tubercule de manioc à Éric, mardi elle donnait une assiette des feuilles de manioc à l'oncle Gaël. Pendant qu'elle préparait du manioc, il suffisait qu'un jeune du village lui propose de l'argent pour acheter un manioc pour que la veuve se fâche : « Comment veux-tu que je te vende un manioc que j'ai eu grâce à un champ où tu as travaillé ! » disait-elle. Après avoir dit cela, quiconque pouvait aller tranquillement attendre à la maison l'appel de la veuve pour un don gratuit d'un pain de manioc cuit. Le comportement de la veuve Mafouma a fait qu'aucun jeune ne pouvait refuser de travailler dans son champ. Parfois, elle n'avait pas de nourriture pour donner aux jeunes afin que ceux-ci consacrent tout un jour de travail dans son champ ; mais tout le monde mettait la main à la pâte parce qu'il s'agissait du champ de la veuve Mafouma. Je me souviens avoir fait plusieurs parties de pêche de nuit avec mes oncles Gaël et John pour capturer le poisson et qu'on devait donner à la veuve, pour lui permettre d'organiser les travaux de son champ.

A l'opposé de la veuve Mafouma, il y avait une jeune femme d'une quarantaine d'années qui n'était gentille avec les jeunes, seulement lorsqu'elle avait besoin de leur aide. Ce qui faisait qu'elle était en mal avec les gens. Elle était une mère célibataire, avec une fratrie de filles. Ses filles encore petites, étaient encore incapables de l'aider dans les champs. Elles ne pouvaient pas aussi se marier pour que leurs gendres s'occupent du champ de leur belle-mère. Je me souviens de la stratégie que les jeunes avaient mise en place pour éviter de l'aider. Au début de la période champêtre, tous les jeunes disaient qu'ils se focalisaient d'abord sur les champs de leurs mères pour ne pas s'épuiser avant. « Je viendrais t'aider dès que je finirai avec le champ de ma mère » promettait tout le temps mon cousin Olivier. Malheureusement, à la fin, tout le monde se disait fatigué et ne pouvait plus l'aider. Ce qui faisait que chaque année, elle choisissait un endroit où elle pouvait travailler toute seule et faisait un petit champ que les sangliers pouvaient bouffer en une nuit avant la récolte. « Comment se fait-il qu'une veuve sans enfant comme Mafouma puisse-t-elle avoir un champ d'environ trois hectares alors que le mien n'a même pas quarante mètres carrés de superficie ? ».

Son égoïsme brut prit le dessus sur son raisonnement, ce qui la rendit jalouse de la veuve Mafouma. Haïe de tous dans le village, on se liguait contre elle lors des différentes querelles. Victime de son absence d'intérêt pour ses semblables, elle se sentit détestée dans le village et décida de le quitter.

Très souvent les gens autour de nous ne voient pas les choses telles que nous les voyons. C'est pour leur permettre de comprendre que, nous nous lançons dans le processus, afin de les amener à sortir de la pauvreté. Pendant que vous essayez d'économiser pour lancer un projet qui pourra faciliter le processus à long terme, les égoïstes bruts, sont à l'instar de la cigale de la fable, en train de satisfaire leurs besoins immédiats. Voyant que vous commencez à préparer votre projet de sortie de la pauvreté générationnelle, ils feront le nécessaire pour nuire à toutes vos activités. Même lorsque vous essayez de les raisonner, ils ne comprennent pas parce qu'ils sont perdus, aliénés, incapables de vivre en toute coopération avec les gens. Ils n'y voient là-dedans aucun intérêt tangible ou immédiat.

Le meilleur exemple pour illustrer ces cas est ce que les américains appellent « crabs in a bucket» ou «crab mentality». Le terme en français pour désigner cette théorie est : *la « théorie du crabe dans un seau »*. En réalité, cette métaphore attribuée à Ninotchka Rosca relève d'une sprit d'observation critique. Lorsqu'on met un crabe seul dans un seau, celui-ci va faire le nécessaire pour sortir. Dans la plupart des cas, le crabe finit par se sauver. Par contre, si l'on met plusieurs crabes dans un même seau, aucun d'eux n'arrivera à sortir. Si l'un des crabes essaie de grimper pour s'échapper du seau, il sera systématiquement retenu et redescendu vers le fond du seau par les autres. C'est exactement ce qui se passe très souvent dans les cultures de la pauvreté. Nous grandissons et évoluons avec des personnes autour de nous. A chaque étape de la vie, certains restent d'autres partent. Nous influençons ces gens ou ils nous influencent en bien ou en mal selon notre caractère et notre personnalité.

Lorsque nous prenons la décision de changer, de sortir de la pauvreté, nous devons également modifier notre environnement, c'est-à-dire, les gens vivant autour de nous, même si nous les apprécions. Cela peut être difficile surtout si ces gens ne veulent pas emprunter le même chemin que nous. Souvenez-vous que ce sont les autres crabes qui retiennent celui qui veut sortir. Cette théorie nous montre la dangerosité de rester dans un environnement négatif, nocif et toxique pour nous. Si ces gens qui vous tirent vers le bas sont de votre famille ou vos meilleurs amis et que vous avez beaucoup d'affection pour eux, il faut une très grande force de caractère et une volonté sans failles pour sortir du groupe et foncer vers ses objectifs.

Quitter le seau est donc un exercice qui favorise beaucoup de jalousie et de critique parce que les personnes qui restent se sentent insultées. Intérieurement, ils se disent : « si je ne peux pas l'avoir, toi non plus». Nous devons faire attention aux gens qui nous interdisent de faire certaines choses. Certaines interdictions ne sont pas là pour nous aider, mais pour nous nuire. Toute interdiction, dite même au nom des tabous doit être l'objet de notre faculté de discernement.

J'avais un ami à qui ses oncles ignorants lui demandaient de faire attention aux livres. « C'est dans les livres que les gens découvrent la magie » disaient-ils. Ils ne l'interdisaient pas parce qu'il y avait un problème avec les livres, mais ils savaient qu'en lisant beaucoup de livres, il chercherait à sortir du seau des crabes. Votre envie de devenir la personne que vous avez envie d'être va souvent déranger votre entourage, car votre envie de changer et d'évoluer peut donner aux autres le sentiment qu'ils sont en échec. Inconsciemment ils cherchent à vouloir vous retenir. Les gens qui réussissent dans la vie disent souvent qu'il faut quitter les gens qui nous tirent vers le bas ou nous bloquent pour s'entourer de personnes qui vont nous inviter à grandir, et favoriser notre évolution. A ma mère de dire : « Averty, tu dois savoir choisir tes fréquentations ». Les personnes nocives sont les plus nombreuses dans notre entourage, celles qui ont des meilleures intentions se raréfient. Les personnes venimeuses et vénéneuses adorent utiliser leur haine pour ralentir ou freiner le processus de sortie de la pauvreté non seulement pour elles-mêmes, mais également pour les autres. Ces personnes-là, nous devons les éloigner pour donner une chance à nous-mêmes et à ceux qui veulent avancer.

Dans ma famille, nous avons eu un premier cas d'école en ce qui concerne ce type de personne malveillante et égoïste. Tout le monde aimait la compagnie de Bagnody. Il aimait raconter les histoires drôles et usait des stratégies propres à lui pour extorquer les fonds aux autres. Tout le monde le connaissait et le supportait tel qu'il était. Il connaissait très bien la tradition familiale insufflée par les ancêtres qui se résume par : « Celui qui sort avant, tire les autres ». Il utilisait les anecdotes de nos histoires passées pour pousser les gens à faire les choses en sa faveur. Ne pouvant l'aider comme il se doit pour tous ses besoins, la famille a décidé de mettre sur pied un plan pour l'aider à long terme. Il devrait débuter par le métier de conduite afin d'obtenir un permis de conduire. Après l'obtention du permis, la famille devrait cotiser pour mettre à sa disposition un taxi qu'il devrait conduire et faire des versements dans un compte bancaire commun. Chaque fin du mois, il devrait retirer une partie d'argent comme ses émoluments. L'argent épargné devrait servir à l'achat d'un deuxième taxi qui devrait suivre le même plan pour un autre membre de la famille. Et ainsi de suite, pour créer d'autres sources de revenus rendant notre famille hors de la marmite à grenouille.

Le plan a été présenté et accepté par le jeune Bagnody. La famille rassembla les fonds pour l'inscription à l'auto-école. Connaissant son rapport avec l'argent, nous décidions de donner la mission à son frère cadet. Ce dernier devrait inscrire Bagnody à l'auto-école un lundi. Très tôt le matin, Bagnody informé de la transaction financière concernant son dossier, je ne sus par quel moyen, il se présenta à son frère cadet pour l'intimider, afin de lui extorquer l'argent. Il menaça de lui donner un coup de poing au nez, s'il refusait. Puis, liant le geste à la parole, il gronda : « Pourquoi aimes-tu me manquer de respect, hein petit ? ». « Vas-tu me prendre par la main comme un enfant pour m'emmener à l'auto-école ? Si tu ne veux pas que je te frappe comme un voleur, donne- moi cet argent tout de suite, pour que je fasse mon inscription moi-même » imposa-t-il à son frère cadet. Pris par la peur de vexer son droit d'ainesse, le cadet lui donna la somme, après avoir insisté : « N'utilise pas cet argent pour autre chose s'il te plaît yaya (grand frère). Ce projet est pour ton bien et celui des autres qui ne font rien dans la famille ».Heureux du coup réussi, Bagnody tourna ses talents et rentra à la maison, l'argent en poche.

Quatre mois après, lorsque je l'appelle au téléphone pour demander s'il avait déjà passé le permis pour qu'on lance la phase 2 du projet consistant à cotiser pour l'achat d'une voiture, il me dit : « Oui, j'ai passé mon permis avec brio et je viens même de trouver chez un concessionnaire, de très belles voitures adaptées pour le taxi ». Il ajoute même que le concessionnaire lui a promis 15% de rabais s'il conclut l'achat dans une semaine. Ayant déjà eu vent qu'il n'avait jamais débuté la formation de conduite, je lui dis : « C'est vraiment une bonne chose. Merci donc de m'envoyer la photo du permis de conduire pour que je motive les autres à cotiser ». À cet instant, malgré la distance qui nous séparait, il me dit : « Averty, ne joue pas avec moi. Si tu continues à me manquer du respect, je vais te taper ». Comme nous le constatons, le projet qui était monté pour lui venir en aide a été détruit par lui-même. Les exemples comme ça, nous les avons dans presque toutes les familles africaines pauvres.

J'aimerais souligner ici une autre forme d'égoïsme présent dans certaines familles pauvres d'Afrique. Il s'agit des gens qui, ayant un niveau d'éducation scolaire très bas, ont du mal à analyser les faits avec objectivité. Vous avez tous grandi dans la pauvreté et vous avez décidé d'en sortir. Vous quittez le village pour la ville à la poursuite de vos études. Lorsque vous rentrez au village avec un peu d'argent et que vous vous mettez à partager, en souvenirs de beaux moments passés ensemble dans la galère. Vous allez remarquer que certaines personnes prennent l'argent avec un air hésitant. Cette attitude exprime en réalité, une suspicion illusoire : « Que gagne-t-il en me donnant cet argent ? » Tout de suite, la personne vous prête des intentions malveillantes. En son cœur, il pense : « Avec cet argent, il veut acheter mon âme et me tuer mystiquement ». Ceci est le début de plusieurs conflits parfois dramatiques dans des familles africaines encore pauvres en esprit.

Il y a quelques années, j'ai reçu un coup de fil du village m'annonçant que l'une de mes cousines était hospitalisée. Elle avait passé cinq jours à l'hôpital sans traitement adéquat. Elle m'avait caché l'information de sa maladie, parce que dans sa tête, depuis mon séjour chez les blancs, je devenais magicien. Elle croyait que je devais prendre prétexte de sa maladie pour la tuer. Le cinquième jour, l'infirmier-major menace de les expulser si les médicaments ne sont pas achetés. A cet instant, sa petite sœur l'exhorte de m'appeler pour me poser le problème. Au moment où elles m'appellent, j'étais au travail. « Allo ! Averty, je t'appelle pour te dire que nous sommes à l'hôpital avec la grande sœur. Elle est très malade, mais l'hôpital veut la renvoyer parce qu'elle n'a pas d'argent pour payer les médicaments ». Tout de suite, je vais

123

voir mon supérieur hiérarchique pour obtenir une permission afin d'aller régler la situation. Il m'accorde deux heures. Aussitôt, sorti de mon bureau, je cours à la banque faire un retrait. Je prends un taxi et je me rends à l'hôpital. Arrivée là-bas, je rentre dans la salle et je vois la sœur d'un ami assise sur le lit d'en face avec sa mère malade. Je salue tout le monde rapidement, je donne l'argent à ma cousine, elle me demande de déposer sur le lit. Je lui dis que je dois rentrer parce que mon supérieur ne m'a accordé que deux heures. Je repars pour le travail. Le soir arrivé, je passe par l'hôpital avant de rentrer chez moi. Je reste une heure avec eux, on parle de tout et de rien. En sortant de l'hôpital, la sœur de mon ami, se lève et me suit à l'extérieur. Ensuite elle me dit : « Grand frère, j'ai vu la vitesse avec laquelle tu as réagi à l'appel de ta cousine. Lorsqu'elles t'ont appelé, je m'attendais à ce que tu leur dises que tu devrais passer demain. Tout le monde dans la salle était étonné de la manière dont tu as réagi. Lorsque tu es rentré dans la salle, je me suis dit qu'elles avaient la chance de t'avoir ». Je ne comprenais pas ce qu'elle voulait me dire concrètement. Je lui ai dit : « C'est normal que j'agisse le plus rapidement possible parce que ce serait vraiment une mauvaise chose si on les chassait de l'hôpital ». Elle poursuit en disant :

-« Ce qui a fait mal à toutes les personnes qui sont dans la salle c'est qu'après ton départ, elle a demandé à sa sœur de prier sur l'argent que tu avais donné ». Je lui réponds en disant que c'était une bonne chose pour eux et pour moi de prier afin que Dieu nous donne les moyens de subvenir à nos besoins. Elle me précise : « Le problème est que dans la prière, elles demandaient à l'esprit de mort qui était dans ton argent de quitter ». En réalité, ma cousine et sa sœur suspectaient ma réaction rapide d'apporter l'argent. Mon argent serait donc travaillé mystiquement pour que les médicaments achetés avec cet argent, au lieu de la guérir, entrainent vite sa mort. Dieu merci qu'elle n'était pas décédée. La science a pris le dessus sur la superstition qui aurait eu raison dans les esprits bloqués, comme partout ailleurs.

Malheureusement, plusieurs personnes innocentes sont assassinées en Afrique ; des familles unies se sont disloquées, à cause de leur interprétation égoïste dénuée d'esprit critique. Aujourd'hui de nombreux escrocs se font passer pour des pasteurs, de ministres de Dieu. Ne pouvant pas faire les miracles comme Jésus, en cas de maladie ou de mort d'un de leurs ouailles, pour camoufler leurs échecs, ils accusent les vieillards de la famille, devenus séniles et encombrants, incapables de se défendre, d'être les sorciers.

J'ai discuté un jour avec Paul, un ingénieur agronome formé à Cuba qui voulait lancer plusieurs exploitations agricoles dans le village de ma mère. Il m'a dit : « Mon fils, il y a une chose que j'aimerais que tu saches. Ici au village, les gens sont figés sur les intérêts tangibles. Tout ce qui donne les résultats à long terme est mal compris ». Effectivement, ce qu'il dit est réel dans plusieurs communautés.

Lorsque tu expliques un projet à certaines familles vivant dans une situation généralisée de pauvreté extrême, si dans ton explication il n'y a pas des résultats tangibles liés à l'immédiateté, les gens sont parfois perdus. C'est ce qui fait que ces derniers puissent te qualifier de suspect. Tout ce qui est mal compris est souvent traité de suspect, de sorcier, de magie. Et tout ce qui est considéré à tort de suspect tue. Tout de suite, tu es suspecté de faire partie des sectes ou de la congrégation invisible des sorciers bouffeurs de chair humaine la nuit.

Plus on est pauvre, plus on est concentré à ne parler que de soi, à mettre en avant sa propre situation. Le pauvre holistique n'est pas trop flexible, il ne comprendra pas que celui qui lui donne, ne le fait pas parce qu'il a faim, mais il le fait avant tout, en fonction de ses intérêts.

Revenons au cas de ma sœur malade. Dans son cas, ce qui m'anime n'est réellement pas l'intérêt d'une sœur en difficulté, mais le fait de prendre soin de mon centre d'intérêt. En aidant ma sœur, je m'aide moi-même. Observez les gens qui vous aident souvent. Ils ne le font pas pour vous spécifiquement. Mais ils le font au départ pour eux-mêmes. Une personne qui aide sa famille le fait d'abord pour lui-même, parce qu'il s'agit de sa source de motivation. Si ma famille est mon centre d'intérêt, alors, je dois prendre soin d'elle pour satisfaire ce besoin personnel. Comme j'aime ma famille et que j'y suis moi-même membre, alors je dois prendre soin de moi.

Dans ma communauté, tout le monde dit souvent que les membres de notre famille aiment l'école. La vérité est que nos ainés ont compris que l'éducation de base appuyée sur la formation scolaire pouvait nous faire sortir de la pauvreté. Contrairement aux autres qui étaient forts à la chasse, aux champs et dans d'autres activités paysannes, les membres de notre famille n'excellaient qu'à la pêche. Tout travail physique dur était très difficile pour nous. Les ainés ont alors mis un système où ils encourageaient tous ceux qui obtenaient de bonnes notes à l'école. Très tôt, j'ai compris cela et je me suis jeté dans le bain. Durant ma scolarité, je m'arrangeais à avoir des bonnes notes à l'école et je montrais tout le temps mes bulletins scolaires à mes oncles qui les signaient. L'oncle Scott étudiait aux Etats-Unis. Très intéressé, il s'était assigné l'objectif d'investir dans la nouvelle génération. Il envisageait soutenir les jeunes membres de notre famille dans l'éducation scolaire et universitaire afin d'avoir à long terme, des alliés capables de bâtir les stratégies de sortie de la pauvreté générationnelle de la famille.

L'oncle Marc était un fervent homme politique dans le pays. Étant en exil depuis des années, il voulait former une élite qui, selon lui, devrait poursuivre les idéaux du grand-père qui fut parmi les premiers députés de la république du Congo en 1960. Conscient de ces deux visions stratégiques, j'ai décidé de me lancer dans les études de communication pour ressembler à l'oncle Marc. Après l'obtention de mon baccalauréat en 2015, j'ai décidé d'apprendre la conduite pendant les vacances avant de débuter les cours à l'université. Mes efforts furent couronnés par l'obtention de mon permis de conduire. Tout de suite, j'ai écrit à l'oncle Scott. Il était tellement fier de moi qu'il m'a envoyé ce mail : « *Félicitations à toi Averty pour cet exploit, mon petit. Les choses bougent et changent. Il faut que nous bougeassions et changeons avec le monde aussi. Le permis de conduire est le premier pas vers la responsabilité. Tu as un ordinateur portable. Tu apprends beaucoup de choses sur la technologie déjà. Tu es intelligent et manifestes un désir ardent d'apprendre. Voilà les qualités qui font de toi un Manager et un Leader de demain. Il te suffit de commencer les études à l'université et de lire les bons livres sur le management et le leadership pour ajouter aux qualités que tu as déjà, quelques stratégies pour réussir dans la vie. Je te fais confiance et je peux compter sur toi pour beaucoup de choses positives. Il te reste maintenant à obtenir ton passeport. C'est le projet pour 2006. Et quand tout sera prêt, tu verras comment le monde des grands te sera ouvert. Une fois de plus, mes félicitations. Continue ainsi et ne te laisse pas entrainer par l'orgueil qui vient souvent avec le succès. Sois humble comme d'habitude et tu verras, Très Filialement, Père Scott* » (26 septembre 2005)

J'étais tellement décidé à le rendre fier de moi que je partageais tout ce que je faisais avec lui. Je me souviens l'avoir même fait un mail parlant de la toute première grande expérience que j'avais eues avec l'ordinateur. En réalité, j'avais réussi, pour la première fois, à enregistrer un document sur une disquette pour envoyer au cybercafé. Pour moi, c'était comme par magie. Je venais d'écrire un texte sur Word à partir de mon ordinateur et transférer dans une disquette que je devais envoyer aux Etats-Unis. Je n'étais pas convaincu qu'il devait la recevoir. Le lendemain matin, je cours au cyber vérifier ma boîte mail et je reçois ce message de mon oncle : « *Bravo ! Tu as réussi à envoyer ton message enregistré sur ta disquette. Ton opération a bien réussi. J'ai reçu ton message. Il ne te reste plus qu'à réussir à enregistrer les données collectées sur internet dans ta disquette et d'aller étudier à tête reposée à la maison. Bien de choses à toi et à bientôt. N'oublie jamais que tu es de ceux qui comptent et de ceux qui savent. Continue ainsi. L'avenir vous appartient. Père Scott »* (21 novembre 2005).

Juste après la remise des copies du premier devoir à l'université, j'ai scanné ma copie et je l'ai envoyée par mail aux deux oncles, pères chez nous. Ces échanges avec eux m'ont non seulement donné la force de vaincre toutes les difficultés du moment, mais, m'ont également rapproché considérablement d'eux, en dépit de l'espace et du temps. Ils me faisaient confiance à cent pour cent, pas un centime de moins. Et chaque fois que j'avais besoin de quelque chose, je donnais soit mes résultats scolaires, soit je leur parlais de ce que j'aimerais faire dans le futur. Même lorsqu'ils n'avaient pas l'argent sur place, ils se débrouillaient à trouver une solution. Parfois, ils appelaient leurs amis à Brazzaville et je passais retirer l'argent chez eux. Avec l'oncle Scott, nous parlions du partenariat gagnant-gagnant. Quant à l'oncle Marc (qui est aussi mon père, chez nous) (8), il ne cessait de me rappeler : « Fils, tant que tu as des bons résultats à l'école et que tu te comportes bien dans la société, tu peux me demander tout ce que tu veux ». J'utilisais là, ce que j'appelle l'égoïsme intelligent. Je leur donnais ce qu'ils cherchaient à voir chez la nouvelle génération, et eux, me donnaient ce que je voulais recevoir.

Alors, pour qu'une personne nous aide, nous devons lui montrer ce qui est bien pour elle afin de la motiver. En lui permettant de faire ce qui est bien pour elle-même, elle nous aide en même temps. Voilà une bonne stratégie que chacun de nous doit mettre en place dans son processus de sortie de la pauvreté générationnelle. Ne soyez donc pas ces personnes qui attendent tous des autres sans rien proposer en retour. N'oubliez pas, fondamentalement, l'être humain est fait pour s'occuper de lui-même d'abord. C'est bien sûr une loi naturelle.

Chapitre VIII

PARFOIS LA REBELION PAYE MIEUX QUE L'OBEISSANCE CONSTANTE

Mettons tout au clair dès maintenant : je ne parle pas d'une rébellion armée. Rassurez-vous, je ne vous demande pas de prendre les armes pour former une rébellion. Je ne vous demande pas de désobéir à Dieu, aux parents, aux ainés, à tous ceux qui sont respectables à juste titre. Restons focalisés sur notre sujet principal : comment sortir de la pauvreté générationnelle ? Si nous sommes tous d'accord sur cela, alors, nous pouvons avancer sur ce chapitre.

Après deux siècles d'esclavage, le peuple noir d'Amérique a subi les affres de la ségrégation raciale. Pendant toutes ces décennies, l'ensemble de la vie sociale, économique et politique des Afro-Américains est limitée, de leur naissance jusqu'à leur mort. Il y a des restrictions aux droits à la propriété, à établir son entreprise, à l'éducation, à se marier en dehors de sa « race ». Les interactions avec les blancs sont limitées au strict nécessaire professionnel. Ces lois s'appliquent d'autant plus facilement que les juges et les forces de police sont acquises aux thèses racistes et ségrégationnistes qui invalident tout recours juridique et toute contestation politique.

Pour éliminer le poids du vote des Afro-américains dans les élections, quand le terrorisme du Ku Klux Klan ou de la White League est jugé insuffisant, dans certains comtés une taxe est créée pour avoir le droit de vote ; et puis se généralisent les tests pour vérifier l'aptitude intellectuelle à voter. Les questions sont d'une difficulté inhabituelle comparée à celles posées aux Blancs, comme être capables de réciter la Constitution et ces différents amendements, ou bien les questions sont absurdes du genre : « Combien d'anges peuvent-ils danser sur la pointe d'une épingle ? » ou « Combien de bulles peut-on faire avec une savonnette ? ». Vous imaginez qu'à tous les coups, les résultats dépendent de la personne qui vous fait passer ce test. Ainsi, seule une minorité d'Afro-Américains arrive à voter et quand elle le fait, souvent, les représailles tombent, au mieux le fouet, au pire la pendaison sommaire ou l'exécution des votants et de leur famille. Cette situation était une norme pendant tout un siècle. Pour que cela change, il avait fallu que les Afro-Américains décident de résister, de se rebeller.

Les exemples de rébellions sont multiples dans l'histoire des luttes pour les droits civiques aux Usa. En 1955, dans une Amérique déchirée par la ségrégation raciale, Rosa Parks refuse de céder sa place à un passager blanc dans un bus de Montgomery en Alabama. Arrêtée par la police et condamnée à une forte amende, elle fait appel de son jugement et devient l'égérie d'un mouvement national de défense des droits civiques des Noirs. Inculpée pour troubles à l'ordre public et non-respect des lois de ségrégation locales, Rosa Parks risque l'emprisonnement. Elle s'adresse pour sa défense à l'avocat Edgar Nixon, membre influent de la (National Association for the Advancement of Colored People) NAACP. Ce dernier, saisissant immédiatement la portée symbolique du combat qui s'annonce, confie la défense de Rosa Parks à un avocat blanc, Clifford Durr, qui transforme la défense de sa cliente en manifeste anti-ségrégation. En parallèle, un groupe de militants Afro-Américains se réunit autour d'un jeune pasteur alors inconnu : Martin Luther King. Ensemble, ils mettent en place un mouvement de désobéissance civile et décident de boycotter les bus de Montgomery.

Les Noirs solidaires du mouvement, rejoints par des Blancs opposés à la ségrégation, cessent d'emprunter les bus publics : ils vont travailler à pied, à vélo ou dans des taxis conduits par des chauffeurs noirs qui abaissent leurs tarifs. Rien ne fait reculer les militants, ni la pénibilité des trajets sans transports publics, ni les attentats perpétrés contre Martin Luther King et Edgar Nixon. Il faut noter que ce n'était pas la première fois qu'un Noir refuse de se plier aux règles de la ségrégation raciale en vigueur et l'idée de faire un sit-in dans un bus public ne vient pas de Rosa Parks. Parmi ses prédécesseurs, on peut énumérer Bayard Rustin en 1942, Irene Morgan en 1946, Lillie Mae Bradford en 1951, Sarah Louise Keys en 1952, et la lycéenne Claudette Colvin, qui ont toutes choisi ce mode d'action. C'est seulement en disant « non » que les choses ont peu à peu changé aux USA, bien que les inégalités subsistent jusqu'à présent.

Tout comme les droits civiques, la pauvreté générationnelle est une situation qui peut changer si nous décidons de dire « non ». La rébellion que nous allons aborder dans ce chapitre concerne uniquement la désobéissance à certaines normes et culture qui nous garde dans la pauvreté depuis plusieurs générations. Avant toute chose, vous devez savoir que la pauvreté générationnelle n'est pas génétique. La pauvreté n'existe pas dans la Nature. C'est un principe dont l'humain est responsable. C'est un phénomène culturel et environnemental. Il n'y a pas de personne génétiquement pauvre. Tout comme il n'y a pas de nation génétiquement pauvre. Certes la plupart des milliardaires de ce monde sont issus des classes moyennes, mais les exemples de ceux issus des familles très pauvres sont légion.

Dans plusieurs familles de ma communauté, il y a une tendance qui se répète très souvent. Le père cherche toujours à former le fils dans ce qu'il fait. Si l'activité principale du père est la chasse, ce dernier s'efforcera à léguer l'héritage à son fils. Si ce n'est pas le père qui oriente les enfants, c'est souvent le fils ainé qui prend le relai.

Mon père est le fils ainé de sa famille. Après l'obtention de son baccalauréat, il s'est formé pour devenir enseignant au collège. Il était donc la première personne dans sa famille à avoir un travail rémunéré, appelé salaire. Pour sa toute première affectation, il avait choisi son district. « Lorsque j'étais élève, j'ai noté beaucoup de choses handicapantes dans l'enseignement qui poussaient les enfants à ne pas s'intéresser à l'école. L'une d'elles est la distance entre le village et l'établissement scolaire. En tant qu'enseignant, je me suis dit que je pouvais faire plus et il n'y a pas mieux que de commencer chez moi » me disait-il. Assez souvent, en discutant avec les anciens élèves de mon père, ils disent tous qu'ils n'ont jamais connu un enseignant comme lui. « Je pouvais manquer tous les cours, sauf ceux de monsieur Ndzoyi » me dit tout le temps monsieur Mabiala, l'un des anciens élèves de mon père.

Voyant leur frère comme enseignant, tous mes oncles n'avaient plus qu'une vision : Devenir enseignants. Mon père avait quatre frères et trois parmi eux sont devenus enseignants avant de changer de carrière.

Le fait que papa soit chasseur, buveur de vin ou pêcheur n'est pas dû au hasard. D'ailleurs le hasard n'existe pas. Si vous retracez son histoire, vous verrez qu'il a imité une personne dans la famille qui faisait cela dans le passé.

La réalité est que dans la pauvreté générationnelle, les gens héritent des habitudes et les comportements culturels qui se transmettent de génération en génération. Si vous êtes nés d'un père pauvre et que vous faites exactement tout ce que faisait votre père en son temps, vous ne deviendrez jamais une autre personne que celle que votre père a été. C'est aussi valable pour la mère et sa fille. Le traitement de la femme partout dans le monde est la signature de ce principe socioculturel. « Le cabri broute toujours de la même manière que sa mère », dit un dicton de mon village. Pour vivre une situation autre que celle de nos parents, nous devons sortir de ce cercle vicieux en brisant certains paradigmes et abandonner certaines cultures qui nous gardent dans le prisme de la pauvreté. Et les cultures qui se transmettent de génération en génération ne sont pas faciles à briser. Elles ont la dent dure. Pourtant, il faut le faire, pour le bien commun. Il faut donc se rebeller contre toute une culture s'opposant et résistant au bien collectif, à l'intérêt de tous. Entendu que ces liens ne se brisent pas dans la gentillesse, mais dans une rébellion éclairée.

Je suis moi-même le fruit de cette rébellion légitime éclairée. Depuis tout petit, je savais exactement ce que je voulais faire. Il y avait tellement d'injustices relationnelles autour de moi ; que je voulais apprendre comment parler aux gens afin de les pousser à faire certaines choses autrement, dans la communauté. Je voulais faire les études de communication. Je confondais la communication et le journalisme. Lorsque mon père me demandait ce que je voulais exercer comme métier quand je serais grand, je répondais tout le temps : « Je veux être journaliste ».

Tout le temps, en tant qu'enseignant psychologue, il savait de quoi il parlait ; sa réponse était la même : « Tu ne peux pas être journaliste ». En réalité, lorsque j'étais tout petit, j'avais un trouble de langage. Je souffrais de bégaiement, ce qui me rendait la vie difficile lorsqu'il s'agissait de m'expliquer sur tout. Lorsque je n'arrivais pas à m'exprimer sur une injustice, je pleurais. Ce qui faisait de moi « un idiot » parce qu'un enfant qui, au lieu de s'exprimer préfère pleurer, est considéré comme un idiot dans ma culture. Pourtant je savais que je n'étais que timide. Mon état réel, seul, mon père le savait et me connaissait vraiment car c'est un psychopédagogue. Quant aux autres... Considéré comme un « idiot », mes parents devraient donc réfléchir sur mon avenir. Tout le long de ma vie, il m'a été proposé de faire autre chose que ce que je voulais. Chaque fois, j'ai dû refuser. Dans la culture africaine, refuser les paroles de ses parents ou de ses ainés est signe d'impolitesse, de rébellion. Lorsque les parents proposent ce qu'ils pensent être bien pour l'enfant et que celui-ci refuse, l'enfant est considéré comme indigne d'eux. L'enfant dans ma culture, est considéré comme un investissement, un bien de la famille élargie. On fait des enfants pour qu'ils s'occupent de ses parents, de ses frères et sœurs et surtout, qu'ils puissent perpétuer la lignée. Et selon ma culture, ce n'est qu'un juste retour des choses, une loi naturelle. Un enfant « idiot », désobéissant est donc une perte pour la famille. Ma situation était encore plus difficile parce que je suis l'ainé de ma famille. Ceux qui viennent après vont forcément essayer de faire comme moi. J'étais donc comme une double peine pour ceux qui ne comprenaient pas la réalité de mon état intérieur.

Pour essayer de trouver « une solution » à mon problème, mes parents m'ont demandé de participer au concours d'entrée à l'École Militaire Préparatoire Général Leclerc qui prépare l'élite militaire en République du Congo. J'ai refusé en disant que je ne voulais pas être militaire parce que je trouvais les corps habillés très méchants à l'époque. Je ne me voyais pas arrêter un père de famille, le frapper devant ses enfants et le jeter dans un véhicule comme du bétail, encore moins comme un morceau de bois. Surtout, je ne me voyais pas participer à une guerre et tuer mes semblables. Au secondaire, mes parents m'ont demandé de participer au concours d'entrée à l'école nationale des eaux et forêts. A l'époque, je pensais que le travail des eaux et forêts ne se limitait qu'à empêcher les gens à faire la chasse. Ce qui était pour moi anormal parce que, plusieurs familles de mon village ne vivaient que de la chasse et de la pêche. Les empêcher de faire ces activités est une manière de leur demander de ne plus vivre ou subvenir aux besoins de leurs familles. Chaque fois que je partais chasser les oiseaux avec mon oncle Gaël, il jetait le fusil 14mm du grand-père dans l'herbe dès qu'on entendait le bruit d'une voiture. Il me disait que si la voiture appartenait aux Eaux et Forêts, les agents nous raviraient l'arme et le grand-père devrait débourser une fortune pour la récupérer. Je pensais donc que les Eaux et Forêts n'étaient pas des personnes intéressantes. Comme je ne voulais pas être une mauvaise personne, j'ai refusé de participer au concours des eaux et forêts.

Étant dans une culture patriarcale, mon père ne compris que tardivement d'où me venait le courage de tenir tête à mes parents ; de refuser tout ce qu'ils disent pour mon propre bien. Ils avaient à mon avis oublié que j'avais grandi avec mes grands-parents. Nous avions en quelque sorte reçu la même éducation de ma grand-mère paternelle. Du point de vue de l'éducation, j'étais comme le petit frère de mon père parce que j'ai été éduqué par les mêmes personnes que lui. Mon grand-père paternel me disait tout le temps que l'homme ne doit reculer devant rien. « Mon ami, me disait-il, un homme doit avoir les convictions pour lesquelles il accepterait même de mourir ». Tout devint alors clair dans ma tête. Je voulais être journaliste pour avoir la possibilité de voyager, voir ce qui se faisait ailleurs et revenir faire le compte rendu dans mon village.

Face aux multiples refus des injonctions parentales faites pour mon bien, ils se sont dit que j'avais peut-être un problème spirituel. Et pour régler ce problème spirituel, la meilleure solution était que je devienne prêtre de l'église catholique. Conscient que je devais contester, mon père m'a emmené chez l'un de ses amis. Il avait deux enfants au Grand Séminaire interdiocésain Saint Robert Bellarmin en République Démocratique du Congo. J'ai toujours été fasciné par la République Démocratique du Congo ; je ne savais pas pourquoi. Est-ce simplement par le fait que mon grand-père avait travaillé longtemps dans la ville de Matadi et qu'il nous racontait pleines d'histoires, le soir autour du feu de son hangar ? La rencontre avec les élèves du grand séminaire fut très passionnante et émouvante. Face aux deux jeunes vêtus de longue robe noire qui m'expliquaient la vie au séminaire, j'acceptai sans broncher. Heureusement pour moi, en mai 1997, alors que je me préparais pour le voyage, contre toute attente, une rébellion militaire s'est éclatée en RDC. Cette rébellion a chassé l'ancien président Mobutu Sese Seko KukuNgbenduwa Za Banga du pouvoir à Kinshasa. Avec regrets, je devais attendre que les choses se stabilisent en RDC avant de repartir. Pendant que je patientais, juste un mois après, une guerre civile s'est éclatée dans mon pays, la République du Congo et nous quittâmes précipitamment Brazzaville, dans un train surabondé, sous les coups de feu des milices pour le village. Sans doute le destin ou Dieu n'avait donc pas voulu faire de moi un prêtre.

Après l'obtention de mon Baccalauréat en 2005, mes parents décident d'un commun accord que je parte étudier la psychologie à l'université. Cette formation me permettrait de me comprendre moi-même et enfin prendre de bonnes décisions dans la vie, disait mon père. Comme vous pouvez l'imaginer, je ne pouvais pas laisser tomber mon rêve aussi près du but. Je suis donc allé en communication d'entreprise et multimédia. Une filière qui m'a permis de réaliser la plupart de mes rêves d'enfance.

Au vu de tous ces refus de la direction parentale tracée en dehors de moi, vous pouvez imaginer la qualité des relations que j'avais avec ceux qui étaient inquiets de mon avenir. Cette rébellion que j'ai toujours incarnée dans ma famille a fait que je sois constamment en conflit avec mes parents sur ce point.

Pour certains d'entre nous, ces conflits peuvent durer éternellement tant que vous ne réalisez pas vos rêves. Lorsque vous décidez de vous rebeller pour quelque chose d'important qui vous tient à cœur, vous devez aller jusqu'au but. C'est seulement la réalisation de votre rêve qui pourra régler le conflit apparent créé par cette rébellion. Si vous échouez, les parents et les gens autour vous tiendront pour responsable et votre relation familiale peut être conflictuelle à vie.

Attention, je vous parle ici d'une rébellion éclairée, intelligente, sage, prudente, raisonnable et lucide. Qui pèse le pour et le contre. Même en refusant de faire ce qu'on nous demande de faire, nous devons toujours être respectueux envers nos parents. Je ne parle pas ici de manquer de respect à son père ou sa mère ou à l'égard de qui que ce soit dans le cercle élargie de la famille africaine. Il ne s'agit pas d'une rébellion brute qui consiste à tout réfuter même lorsque nous avons tort. Je vous invite ici à une rébellion éclairée qui part du principe selon lequel ce n'est pas la génétique qui est à l'origine de notre pauvreté générationnelle. Nous sommes pauvres parce que nous avons accumulé des cultures et des valeurs qui nous gardent dans cette situation. Ces valeurs ont été transmises d'une génération à une autre. Petit à petit, ces valeurs sont devenues des automatismes invisibles, des murs intérieurs qui nous entravent dans la réalisation de notre vrai et plein potentiel. Ces blocages, issus de notre enfance, de notre

136

éducation, d'expériences passées, ou que nous avons dressés nous-mêmes inconsciemment sont à l'origine de plusieurs échecs dans la vie. Ils doivent être abattus, car chacun de nous détient ce pouvoir naturel. Nous avons la faculté de tout changer, du moins potentiellement, celle de changer la communauté dans laquelle nous évoluons.

Depuis ma plus tendre enfance, je m'intéressais aux mathématiques. Jusqu'en classe de 4ᵉ secondaire, j'avais de très bonnes notes en mathématiques. Avant de commencer ma dernière année du secondaire, nous avions reçu un cousin de mon père venu de France. C'était un fervent homme politique respectable dans le pays. A l'occasion de son arrivée, le grand-père Coccyx, un grand cuisinier de renommée, un Maitre d'Hôtel était invité à la maison spécialement pour concocter les mets que je ne voyais que dans les films français. Avec mon frère Georges, nous qualifiions son français de « filtré ». Quand il s'exprimait, il marquait une pause entre ses phrases comme pour chercher des mots justes. Tout le monde autour ne faisait qu'acquiescer tout ce qu'il disait. Il faisait des analyses sur tout et avait des propositions à faire sur tout. Il parlait et tout le monde écoutait. Pour mon frère Georges et moi, c'était l'incarnation de la réussite. « Tu penses que toi et moi serons un jour comme lui ? » me demanda mon frère Georges. Je lui répondis : « Oui cadet, attendons d'être grandis par les expériences de la vie. Il a aussi été jeune comme nous avant de devenir ce qu'il est aujourd'hui. Si nous partons à l'école, nous pouvons aussi devenir comme lui ». Lorsqu'il finit de manger, il demanda qu'on emballe un peu de nourriture pour qu'il emmène à l'hôtel pour manger la nuit au cas où il aurait faim. Son costume ne lui permettant point de transporter la nourriture, on me charge de l'accompagner à son hôtel. En route vers l'hôtel, il me pose des questions :

Lui : Fils, tu es en quelle classe ?

Moi : Je passe en 3ᵉ, papa.

137

Lui : quelle est ta matière de base ?

Moi : Je suis à l'aise en mathématiques, physiques et biologie.

Lui : Donc après le Bepc tu comptes étudier les sciences, n'est-ce pas ?

Moi : Je ne sais pas encore, mais je voudrais étudier la même chose que papa Marc. Mais je n'ai pas encore fait le choix de la série au lycée.

Lui : Fils, sache que nous ne sommes pas une famille de scientifiques.

Cette phrase a résonné dans ma tête comme un son de cloche. Étions-nous incapables dans la famille de résoudre même les équations les plus simples ? Je me suis demandé s'il avait appris cette information dans un livre. Hélas, lui aussi a entendu cela de son ainé.

Vous avez peut-être déjà entendu ce genre de phrases. « Nos têtes ne sont pas faites pour ceci ou pour cela ». Lorsque vous entendrez ces phrases, dites-vous tout de suite que c'est faux. Celui qui vous le dit le fait soit en connaissance de cause, soit il l'a entendu de la part d'une personne qui était faible en maths. Pour justifier leurs propres échecs, les gens nous mettent en garde sur certaines choses que nous pouvons être en mesure de bien gérer. Au lieu de vous montrer franchement leur incapacité à faire certaines choses dans la vie, ils généralisent la situation et concluent que personne d'autre ne peut le faire. Ils oublient dans leur parti pris égotiste que l'échec de l'un n'est pas forcément celui de l'autre. Pourtant, nous pouvons tous réussir là où plusieurs ont échoué. Certains le disent tout simplement dans le but de cacher leur honte, dans la croyance que si tu réussis là où ils ont échoué, ils penseront que tu es plus intelligent qu'eux.

Rappelez-vous tout le temps qu'on ne nous interdit pas seulement ce qui est mauvais pour nous. Je l'ai déjà dit plusieurs fois : on ne sort pas de la pauvreté avec la bénédiction de tout le monde. Il y a toujours ceux qui vont freiner notre élan. Ils ne vous le diront pas directement, mais utiliseront ce genre d'argumentation pour vous démotiver, vous freiner. Ne leur tendez que l'oreille gauche, pour laisser sortir leur faux charme par l'oreille droite. Certains le diront tout simplement parce qu'ils ont entendu cela et l'ont intériorisé. Loin d'eux l'idée de nuire, ils ne font que répéter ce qu'ils croient être vrais. Je le répète, ne les écoutez pas parce que vous êtes capables de réussir là où les autres ont échoué. Ces petites phrases ont été à l'origine de beaucoup d'échecs certes, mais ceux qui ont échoué sont ceux-là qui ont obéi. Tous ceux qui ont désobéi à ces cultures de pauvreté ont fini par donner une autre trajectoire à leur vie. Les révolutions n'ont jamais été provoquées par les enfants loyaux, les chérubins, les enfants de cœur. Ce sont souvent ceux qui se sont rebellés contre les injustices qui changent les choses. Même, si pour atteindre l'objectif, cela peut prendre beaucoup de temps, il faut faire preuve de détermination, car il s'agit de défaire tout un système.

La grève de Wave Hill en Australie est un exemple que j'aime souvent prendre pour illustrer le temps que ça peut prendre pour défaire un système qui empêche notre évolution vers l'acquisition de nouvelles valeurs humaines. La grève se déroule en Australie entre 1966 et 1975 dans une communauté autochtone du pays. Vincent Lingiari, chef Gurindji titulaire de l'autorité culturelle de son peuple, a conduit deux cents employés agricoles autochtones, loin de la ferme d'élevage de Wave Hill, dans le nord du territoire, pour protester contre leurs rémunérations dérisoires, leur misère, et des décennies de mauvais traitements. Ils ont installé un campement à Daguragu refusant de partir, malgré l'ordre de libérer les lieux. Leur grève s'est poursuivie pendant sept ans. La mobilisation menée sans relâche par Vincent Lingiari auprès des dirigeants politiques a intensifié le mouvement de grève, et reçu le soutien de nombreux australiens n'appartenant pas à la communauté aborigène. Elle instigua l'instauration des droits sur la terre du Territoire du Nord, promulgués dix ans plus tard, en 1975, quand 3300 km^2 furent les premières terres restituées au peuple Gurindji. En 1976, la loi sur les droits aborigènes sur la terre fut signée, autorisant les autochtones à revendiquer leurs terres ancestrales. Une mobilisation des droits des travailleurs qui a abouti à une victoire en matière de revendications de droits à la terre. C'est seulement parce qu'ils ont décidé de désobéir qu'ils ont pu recevoir ce qu'ils voulaient. S'ils avaient continué dans la mauvaise direction, ils ne se seraient pas réapproprié leurs anciennes terres aujourd'hui et leur situation allait toujours s'empirer.

La pauvreté est un fardeau très lourd à porter. Il est important de ne pas nous complaire dans ce qui est totalement négatif ou de refaire les mêmes erreurs que nos ainés pour perpétuer une situation identique. Lorsqu'on répète la même chose pendant longtemps, ça devient une coutume et nous avons du mal à changer. Et vous le savez certainement, les coutumes, même les plus mauvaises sont difficiles à s'en débarrasser. Il faut donc être bien préparé et déterminé pour le faire.

La désobéissance éclairée qui permet de sortir de la pauvreté n'est pas sans risques, rassurez-vous. Si vous n'avez pas la force mentale, ne cherchez pas à sortir de la pauvreté générationnelle car il s'agit ici de tout un système dont il faut se défaire. La première pression que vous recevrez dans le processus n'émanera pas de source éloignée. C'est là le plus grand problème. Ici, vous aurez affaire avec votre entourage immédiat. Si vous ne savez pas ce que vous voulez, si vous n'avez pas la force mentale, si vous n'avez pas pris le soin et le temps de savoir ce qui vous attend dans cette lutte, il serait plus prudent pour vous de laisser tomber. Je ne le dirai jamais assez, la pauvreté est un système avec ses rouages bien huilés, ses instruments, ses dispositifs et ses règles. Chercher à en sortir, nécessite une désobéissance. Et en Afrique comme partout ailleurs, désobéir à ses parents est un acte inacceptable. L'obéissance et le respect étant les premiers devoirs d'un enfant envers ses parents, vous voyez clairement que vous aurez à affronter vos propres parents pour changer votre situation.

140

Considérons le cas de Dilon mon collègue de classe au secondaire. Il rêvait de devenir médecin. Pour cela, il produisait suffisamment d'efforts en biologie. Ce que j'aimais le plus chez lui, c'était son habileté à chanter les chansons traditionnelles. Le père de Dilon était un tradipraticien, un Nganga, une sorte de médecin de chez nous, péjorativement appelé sorcier dans la culture occidentale chrétienne. En effet le Nganga détient une connaissance scientifique très étendue en matière de plantes curatives et médicinales. Il est aussi calé dans la connaissance de certaines maladies, leur diagnostic et leurs traitements, ainsi que dans les petites chirurgies locales, tels que les abcès et autres. Dans l'ancien temps, mon grand-père nous affirmait que les Nganga faisaient aussi des césariennes sur de femmes mortes dont le bébé était encore vivant dans le ventre de la décédée. Le bébé qui survivait était pris en charge par une parente qui faisait descendre ses seins pour allaiter le nouveau-né. Parfois aussi, les plus expérimentés, bien que très rares pouvaient opérer les femmes qui n'arrivaient pas à accoucher. Une règle inamovible chez les anciens Nganga, les soins étaient gratuits. Seuls les patients pouvaient leur accorder volontairement un émolument, selon leur conscience.

Après cette parenthèse, revenons au père de mon collègue Dilon. Tout le monde l'appelait Pharmacopée. Il était reconnu par la communauté comme compétent pour diagnostiquer des maladies et invalidités y prévalant. Il dispensait des soins grâce à l'emploi de substances végétales, animales ou minérales, et d'autres méthodes basées sur le socle socioculturel et religieux, aussi bien que sur les connaissances, comportements et croyances liés au bien-être physique, mental et social de la communauté. Comme dans la majorité des communautés, les clients du père de Dilon étaient très pauvres. C'était pour la majorité, des gens qui n'avaient pas de moyens pour aller à l'hôpital ou ceux dont l'hôpital avait demandé de rentrer attendre la mort à la maison. C'était aussi ceux dont les pasteurs impuissants demandaient d'aller voir les parents au village pour faire une prière collective de réconciliation. Ce sous-entendu des pasteurs signifiait pour les malades, allez attendre patiemment la mort au sein de leurs familles et monter au paradis ou des chambres douillettes leur était réservées.

Pharmacopé se disait hériter de connaissances ancestrales qui ont traversé plusieurs générations. Son grand-père était tradipraticien et son père également. Il voulait à son tour laisser ces connaissances à son fils Dilon. Il ne voulait donc pas que le fils parte à l'école. « Tu sais déjà lire et écrire, c'est suffisant dans la vie » disait-il à son fils. Dilon voulait aller à l'école et se former pour être médecin. Mais son père ne voulait pas qu'il quitte le village pour aller en ville. « Je suis déjà vieux et je vais bientôt quitter ce monde, dit Pharmacopé à son fils. Je ne veux donc pas que tu partes en ville pour plusieurs années. Tu dois rester ici pour que je te transmette tout mon savoir ». Informé de la situation, j'ai demandé à Dilon d'accepter et de présenter la situation d'une autre manière à son père. Il devait dire à son père qu'il serait important pour lui de prendre les cours de médecine pour être capable de moderniser ces connaissances dans l'avenir. Nous nous sommes entendus pour que Dilon en parle à son père pendant le week-end afin qu'on en discute le lundi à l'école. Je pouvais lire le stress sur son visage au sorti des cours. « Mon père prend très au sérieux ses connaissances dit Dilon. Il pense que ce serait déshonorer ses ancêtres s'il ne me léguait pas ces choses ». Au-delà du stress, Dilon était confiant de ma stratégie. Il pensait que son père allait aimer l'idée de moderniser ces connaissances.

Malheureusement, le lundi matin, lorsque j'arrive à l'école, je constate que Dilon était absent. Nous avions le cours d'anglais à la première heure et je savais qu'il n'aimait pas l'anglais. J'étais certain qu'il allait être en classe à la deuxième heure parce qu'il ne manquait jamais le cours de biologie. Ce jour-là, on devrait étudier la blennorragie, une maladie qui était très présente dans la communauté. Son père soignait certaines personnes, dans la plupart des cas, mais une fois que la maladie est devenue chronique, cela provoquait des infections graves de l'utérus et des trompes chez les femmes ; chez les hommes, ils avaient toujours du mal à uriner ou des blocages d'urines. Dans ces derniers cas la médecine de Pharmacopé devenait inopérante. C'est lorsque le professeur de Biologie est arrivé en classe que je me suisdit qu'il s'est peut-être passé quelque chose de grave. Dilon était absent de l'école toute la journée. J'avais peur et j'ai eu beaucoup d'angoisse. Juste après les cours, je décide de passer par la maison de Dilon et constater ce qui s'était passé. Depuis de loin, j'aperçus le vieux Pharmacopé sur son fauteuil en peau d'antilope cheval, l'air grave, les sourcils renfrognés. Il avait sur sa main droite une chasse mouche. Tout en avançant, plusieurs scénarios traversaient ma tête. Je me suis même demandé s'il n'avait pas mis fin à la vie de son enfant, ce qui expliquerait sa tristesse. Plus j'avançais vers lui, plus il arrangeait sa position sur le fauteuil. Il s'enfonçait de plus en plus sur le fauteuil comme pour avoir un bon équilibre. Il va peut-être chercher à me frapper, songeais-je avec appréhension. Mais j'étais persuadé qu'au cas où mes soupçons se confirmaient, il ne pouvait pas courir plus vite que moi. Après avoir hésité devant sa parcelle un instant, fermement, j'entre, mais tout en gardant une bonne distance qui me permet de prendre la fuite en cas de danger. Il était capable de frapper, parce que dans mon village, l'éducation d'un enfant était une affaire de tous. Lorsqu'un enfant commet une erreur devant un adulte, même s'il n'est pas membre de sa famille directe, ce dernier avait le droit de le réprimander et même le corriger. Cette règle commune était valable même dans le cas où l'enfant était affamé. D'ailleurs le hangar jouait aussi le même rôle.

Sans même commencer par des salutations comme de coutume, il débute la conversation par une phrase que j'ai très souvent entendue dans ma communauté : « Averty, par respect pour ton grand-père qui était un homme de bonté excessive, je ne peux pas te faire du mal, dit-il. Mais s'il te plait, je ne veux plus jamais te voir avec Dilon. ».

Stupéfait, je ne savais pas quoi dire. Depuis la cuisine, je voyais la mère de Dilon me regarder d'un air impuissant. Je lisais sur son visage, son désaccord avec l'opinion de son époux. Mais dans ma culture, une femme ne peut contredire son mari que lorsqu'ils se retrouvent dans la chambre très souvent le soir, ou en aparté à un autre moment du jour. La mère de mon ami ne pouvait que regarder la scène impuissante. « Je sais que vous aimez l'école dans votre famille, poursuit-il. Je respecte bien cela, mais je ne te permets plus jamais de donner tes avis à mon fils. Dilon doit hériter des connaissances de mes ancêtres et ça, personne ne peut modifier cette décision sacrée. Je ne te laisserai donc jamais détruire ce que mes ancêtres m'ont laissé. Aujourd'hui, je parle avec toi. Je te parle aujourd'hui, mais si tu insistes, je viendrai voir ta grand-mère ». Après ces mots, il me dit qu'il n'avait plus rien à ajouter et que je devrais disparaitre vite de sa vue. J'étais comme hypnotisé et je ne pouvais rien dire, ni bouger. D'un geste de la main, sa femme me demande de partir. Déçu, trahi, triste, je tourne le dos et je quitte la maison de Pharmacopé.

Depuis ce jour, Dilon n'a plus jamais mis les pieds à l'école. Il avait laissé tomber tous ses rêves pour accompagner son père chercher les écorces des arbres en forêt pour faire des tisanes et autres potions dites magiques.

Le vieux Pharmacopé est décédé onze ans après, Dilon est resté avec ses connaissances ancestrales et ne pourra jamais les améliorer parce que ses objectifs avaient été freinés par son père, lui-même victime de l'ancestralité. Il n'a pas assez des clients comme son père parce que dans la culture du village, un tradipraticien jeune n'inspire pas trop confiance. Les gens préfèrent aller voir d'autres personnes plus vieilles, assermentées, parce qu'ils pensent qu'ils ont plus d'expériences que les jeunes. L'épisode dramatique de Dilon est un exemple qui montre la force que peut avoir l'entourage immédiat pour briser vos rêves. Soyons donc préparés si nous décidons de passer à l'action car, dans cette rébellion intelligente, nous allons recevoir les coups sur le plan psychologique. Et pas les moindres. Ce ne sont pas les coups aux pieds, mais au cœur. En choisissant de désobéir, Dilon a frustré son père et ce dernier a pris des décisions drastiques qui l'ont poussé à reculer par obéissance filiale.

Je connais plusieurs personnes qui ont eu le même problème. J'ai moi aussi été victime de cette pression. Ce qui m'a aidé et permis de réussir est le fait d'avoir les alliés qui m'ont soutenu dans mon combat. Je vous explique comment : Dans les cultures africaines, l'enfant appartient à tout le monde. Dans la culture Ndassa spécifiquement, mes oncles sont uniquement les frères de ma mère. Les frères de mon père ne sont pas mes oncles, mais mes pères. Même les neveux de mon oncle sont mes pères. Les frères de mon père et ses neveux ont donc les mêmes droits sur moi que mon père biologique. Je peux faire quelque chose de mal qui mérite une punition de mon père. Mais si son frère prend la responsabilité de mon erreur, mon père ne peut plus rien dire. C'est ce que j'appelle souvent des substituts.

C'est une grande chance que nous avons en Afrique, mais que les jeunes ne savent pas souvent utiliser. Ce que nombreux font est qu'ils se focalisent uniquement sur leur père biologique. Lorsque ce dernier fait pression sur eux, ils n'ont pas de choix que de se plier. Mais lorsque vous trouvez des alliés dans la famille, vous avez la possibilité de résister pendant plus longtemps et même de sortir vainqueur. Lorsque vous vous rebellez pour ce qui est juste, vous trouverez forcément autour de vous, les gens qui pensent comme vous. Lorsque vous vous attachez à eux, souvent, le combat prend un autre sens. Ce sera alors le combat entre ton père et son frère. Et comme les problèmes des pères ne touchent pas les enfants, vous aurez la possibilité de naviguer même en étant en désaccord avec votre père.

Je me souviens d'un désaccord que j'ai eu avec mon père lorsque j'étais au secondaire. Mon père est une personne qui est très détaché du matériel. Dépenser des fortunes pour acheter des choses sans importance alors que les autres manquent de tout est une abomination, disait-il avec une sage conviction. Pendant qu'il ne voulait pas me donner de l'argent pour que j'achète les vêtements avant d'aller au lycée, il organisait des repas à la maison avec des enfants autochtones. Je voulais lui parler sévèrement, mais je ne pouvais pas. Dans la culture Ndassa, un enfant n'élève pas la voix à son père. Je ne savais donc pas comment lui montrer cette colère que j'avais au fond de moi durant ces vacances. Dieu merci, son frère Gaël, plus jeune que lui de 21 ans arrive au village. On avait grandi ensemble et on avait une très grande complicité. La nuit, alors qu'on partageait le même lit, nous avions passé le temps à discuter au lieu de dormir. J'avais enfin l'occasion de parler à mon père. Pour moi, il représentait son frère et je pouvais tout lui dire puisqu'on était de la même génération. L'oncle Gaël était un substitut parfait en cette occasion.

J'ai parlé à l'oncle Gaël comme si c'était mon père biologique. Parfois, il somnolait à cause de la fatigue du voyage, mais je le bousculais chaque fois pour qu'il écoute ce que j'avais à dire. Il m'a écouté toute la nuit et n'a pu dormir qu'après avoir dit que j'avais raison. La sagesse Ndassa dit que lorsque quelqu'un vient te parler du mal de ton frère, c'est qu'il veut que ton frère sache ce qu'il pense de lui. Je venais de parler à mon père indirectement et je pouvais dormir pour attendre les résultats. On dormait chez ma tante Suzane. Le matin, l'oncle Gaël se réveille et dit qu'il va rendre visite à son frère. Je profite alors de l'occasion pour l'accompagner afin de me rassurer que mon message arrive à destination.

On arrive chez mon papa, il nous fait asseoir en face de lui. On parle de tout et de rien. Au bout de quelques minutes, l'oncle Gaël prend un air sérieux et dit à son frère : « J'ai quelque chose d'important à te dire, et je souhaite que tu m'écoutes jusqu'à la fin avec beaucoup d'attention ». L'oncle Gaël est le benjamin de sa famille. Chez nous, le benjamin étant la boucle de la boucle, certains droits des adultes lui sont permis. Il a le droit de tout dire, sauf parler des sujets liés à la sexualité. Le droit de parole est son premier droit. Ainsi, l'oncle Gaël était l'enfant gâté de ses parents, il se disait être permis de dire tout ce qu'il voulait. « Obanga, a bangaka té » disait-il, ce qui signifie, Obanga n'a peur de rien. Il disait qu'il était le président de son organisation imaginaire IVPP qui signifie Institut des Vérités Polele Polele, une entité où on peut dire les vérités sans porter les gangs. Les membres de son association fictive pouvaient être : les benjamins, les griots, les jumeaux et leurs géniteurs, les jeunes filles encore vierges, qui utilisent les paroles crues, sans peur des tabous, pour dire la vérité. Lorsqu'il décidait de parler à ces ainés, il le disait sans demi-mesures, sans demi-mots, sans contours cachés. Il savait que ces frères ne pouvaient rien lui faire parce que dans notre culture, le petit frère est sacré, et combien de fois, lui le benjamin !

Papa Gaël est allé trouver son ainé ; il expose mon cas avec ses propres mots. Il parle à son frère comme s'ils étaient des copains. Plus il parlait, plus je pouvais voir mon père plisser son visage. Avec ses deux mains, il massait discrètement son front. Une heure trente environ d'exposé, il conclut avec un ordre : « *Je sais que le matériel ne t'intéresse pas, mais nous ne sommes pas tous comme toi. J'ai parlé, tu as écouté, je n'ai besoin ni de tes justifications, ni de tes explications. Je t'ai présenté la situation de mon petit et j'attends la solution* ».

Juste après avoir dit cela, il se lève, et me dit : « *Mon petit, allons-y* ». Il tourne le dos et se met à marcher vers la porte. A l'instant, j'ai peur de la réaction de papa. J'ai même eu peur de fixer son visage lors de l'exposé. Je me lève à mon tour pour ne pas rester dans la pièce seul avec lui. Au moment où l'oncle Gaël franchit la porte, j'entends mon père qui lance un grand soupir longtemps contenu. De soulagement ? Je n'en sais rien. J'accélère, les jambes tremblantes et je rejoins l'oncle Gaël dehors, en train de m'attendre, debout avec l'esquisse d'un sourire triomphal. A la fois, j'étais heureux parce que mon père était enfin au courant de mes pensées, et j'avais peur de sa réaction. Dans l'après-midi, j'étais dans la cuisine de ma grand-mère lorsque j'entends Brijesse, sa petite fille courir accueillir mon père. D'un saut d'antilope, je rebondis du banc et je sortis en vitesse. J'avais tellement peur de croiser le regard de papa, si bien qu'en sortant, je fis semblant de regarder ailleurs, en appelant son neveu Dutron.

Mon père rentre dans la cuisine de sa mère et je pouvais entendre les rires de la grand-mère comme si elle regardait un film comique. Elle riait aux éclats alors que plusieurs idées traversaient ma tête. De quoi pouvaient-ils parler pour rire autant ? L'oncle

Gaël n'était pas là, je ne pouvais donc pas me rapprocher de la cuisine. J'étais obligé de m'éloigner, mais pas avant de demander à mon petit frère Alex d'aller dans la cuisine jouer les espions. Lorsque je revins le soir, Alex me dit qu'il n'avait pas été autorisé à rentrer dans la cuisine lorsque papa y était, il ne sait donc pas pourquoi la grand-mère riait autant. Après m'être rassuré que mon père n'était plus dans la cuisine, je suis rentré et j'ai trouvé l'oncle Gaël avec la grand-mère. Les deux riaient également. La grand-mère félicitait l'oncle Gaël pour son courage et ce dernier lui expliquait son exploit.

« Yumi, je peux mourir en paix », dit ma grand-mère en me regardant. Elle m'appelait Yumi qui veut dire « frère » en Mbamwé, une ethnie gabonaise d'où elle était originaire. J'étais son frère parce que je porte le nom initiatique de son ainé. « Je peux mourir en paix, dit-elle encore, parce que je sais que mes enfants comprennent bien leur responsabilité et que chacun pourra bien jouer son rôle après ma mort ». Ensuite, elle délie un coin de, son pagne et me tend quelques menus billets de banque en me disant : « Voici l'argent que ton père me charge de te donner ». J'étais heureux pour l'argent, mais je voulais vraiment savoir ce que pensait mon père après le coup de gueule de son cadet à mon sujet. À cela, elle me dit, « ça ne te regarde pas. Les problèmes des pères ne concernent pas les enfants ».

Une leçon de plus dans mon expérience de la vie. Je venais de substituer mon père pour trouver une solution à mon problème. Ces opérations, je les ai effectuées plusieurs fois pour atteindre mes objectifs. Le substitue principal pour mes conflits avec mon père a toujours été son frère Scott.

Mon père cultivait une vision pour moi. Après mon baccalauréat, il désirait me voir étudier la psychologie afin de pouvoir comprendre comment les conflits vécus entre les individus conditionnent leurs faiblesses constitutionnelles, leurs troubles psychologiques, les maladies, voire même les comportements étranges ou inexplicables. Ce serait un moyen pour moi de me connaitre véritablement. Pour lui, ces connaissances devraient me permettre de comprendre la nature humaine et savoir comment utiliser cela pour améliorer les conditions de vie des populations de ma communauté. Il s'agit de la même vision que j'avais. La seule différence résidait dans le cheminement. Je voulais étudier la communication pour être capable de m'ouvrir au monde, avoir une vision claire et être capable de la partager avec mes semblables pour avoir leurs adhésions et travailler ensemble pour améliorer nos conditions de vie.

Je me suis donc rebellé pour suivre ma vision. Comme vous pouvez l'imaginer, cette rébellion ne s'est pas passée sans conséquences. J'ai donc dû trouver un allié qui épousait mon idée et m'appuyait pour avancer dans ma rébellion. Cet allié c'était l'oncle Scott. Lorsque celui-ci ne pouvait pas intervenir parce qu'il était hors du pays, je faisais intervenir son frère Sylvain Bassimas. Lorsque je finis les études de communication, je décide de m'installer au Gabon pour lancer un cabinet-conseil en communication afin d'acquérir de l'expérience en communication politique. Je discute avec mes parents qui refusent l'idée. En bon rebelle, je décide une fois de plus de désobéir, mais pas sans alliés. Cette fois-ci, je reçois un soutien de tous les frères de mon père. En ce moment, mon père est obligé de convaincre ma mère pour qu'elle me donne sa bénédiction. Il était difficile pour mon père d'accepter à nouveau les reproches de son cadet Gaël je pense ! Rassurez-vous, nous avons des bonnes cultures en Afrique que nous pouvons enseigner au reste du monde. Les filiations et les traditions africaines, lorsqu'elles sont bien respectées, peuvent nous aider à sortir de la pauvreté générationnelle. Nous n'avons vraiment pas besoin de recevoir les leçons venues d'ailleurs.

En dehors d'être solide pour affronter les différentes difficultés pour sortir de la pauvreté générationnelle, vous devez aussi avoir une stratégie. Cette stratégie peut être divisée en différentes étapes. Chacun peut adapter les étapes en fonction de sa situation et ses combats. Pour ma part, ces différentes étapes sont : la décision, l'action, l'encaissement et la réparation.

1. La décision :

Comme mentionnée plusieurs fois, la pauvreté générationnelle est une très mauvaise chose qu'il faut bannir. Dans le cadre de ce chapitre sur la rébellion, il faut commencer par prendre la décision de se rebeller face à ces freins qui nous attachent à la pauvreté. Et comme vous le savez déjà, la capacité de faire des choix satisfaisants, qui tiennent compte de nos besoins et de la réalité est un défi complexe à relever. Pour certains, prendre une décision est un véritable cauchemar. Ils tournent et tournent encore dans leur tête les différentes options et n'arrivent pas à se décider. D'autres sont paralysés par la peur de se tromper et évitent tout simplement de faire des choix. Avant de se rebeller face à une situation, vous devez prendre la décision de le faire, suite à une prisede conscience des futurs coups que vous recevrez au cœur, en blessant votre entourage.

2. L'action.

Lorsque vous avez pris la décision de vous rebeller, vous devez maintenant passer à l'action. Il n'y a jamais un résultat sans action. Tout ce que nous récoltons aujourd'hui est le résultat d'une action ou un ensemble d'actions que nous avons posées dans le passé. Même la pauvreté générationnelle est le résultat des actions posées dans le passé par nos ainés. Vous avez des aspirations et des désirs, et pour les satisfaire, vous devez agir. L'action est donc importante car elle précède le changement, et amène des résultats. Il ne suffit pas de dire que vous allez faire ce qui est bien, mais vous devez réellement le faire, donc de passer à l'action.

3. L'encaissement des coups

Lorsque vous prenez la décision de vous rebeller et que vous passez à l'action, vous devez vous préparer à recevoir les coups. Souvenez-vous de l'histoire des crabes qui empêchent l'autre de sortir de la cuvette. De la même manière, les autres qui obéissent au système vont vous combattre. Il est facile de faire face aux attaques extérieures. En Afrique, nous ne sommes pas souvent préparés à affronter les attaques venues de l'intérieur du cercle familial. De nos jours, il suffit de penser différemment, pour être traité d'orgueilleux. Il suffit d'avoir plus de finances que les autres pour être accusé d'appartenance aux sectes. Un ami m'a dit un jour : « Averty, la vie c'est comme la boxe ; il faut essayer de rester debout, encaisser les coups, et apprendre à vivre avec les cicatrices ! »

4. La réparation des relations.

Vous avez décidé de sortir de la pauvreté générationnelle en décidant de changer les codes préétablis. Vous êtes passés à l'action en connaissance de cause. Vous avez reçu les coups et vous êtes sortis vainqueur. Juste après, vous devez tout de suite vous atteler à restaurer les relations brisées par votre rébellion. Toute chose a une fin. Si vous ne réparez pas vos relations, vous aurez laissé le travail inachevé. Ce faisant, rappelez-vous que les autres n'ont fait qu'obéir au système établi par nos ancêtres. Certains ont refusé de vous suivre par peur de l'inconnu. Ils n'avaient pas la même vision que vous. Tes parents ont pensé bien faire parce qu'aucun père ou une mère ne peut souhaiter le mal pour sa progéniture. Lorsque vous vous rebellez et que vous réussissez, vous rendez vos parents fiers. C'est lorsque vous échouez que les parents vous disent : « Tu aurais dû nous écouter ». Car la victoire est à tous, mais l'échec devient individuel. Lorsque vous réussissez, le plus souvent même dans la rébellion, vos parents vous aiment toujours, à condition que celle-ci soit éclairée comme souligné plus haut. Même dans ma rébellion éclairée, mes parents m'ont laissé la responsabilité d'encadrer mes frères et sœurs. J'ai commencé à vivre seul avec mon frère Georges très jeune. Au début, nous étions dans la même ville que ma mère, mais elle n'a jamais été convoquée à la police à cause de nous, comme le font souvent d'autres enfants dont l'éducation de base est ratée. Mon frère cadet et moi n'avions jamais fumé et nous avons continué à obéir aux normes familiales même en vivant seuls : être à la maison dès dix-huit heures, ne pas sortir la nuit, ne pas enceinter une fille avant la fin des études… Nous étions de modèles dans le respect de règlement intérieur parental.

Après cette rébellion éclairée, vous devez donc vous réconcilier avec votre famille, vos proches. Dans certains cas, les autres grenouilles sont heureuses et profitent de la réussite. La majorité des grenouilles pardonnent tout ce qui s'est passé pendant qu'ils avaient faim. Les choses dites et faites sont souvent pardonnées. Mon ami Chirac aime me le dire : « Oublie ça, c'est le passé ; il ne revient plus !».

Mais, attention, il y aura certaines relations qui seront brisées à jamais. Le faussé est tellement grand que vous ne pourriez plus jamais être à table pour manger avec elles. A cette étape, vous êtes pleins de cicatrices et épuisé. Plus rien ne sera comme avant avec ces personnes toxiques. Tournez la page et avancez, car il y a des gens dans votre entourage immédiat qui ne seront jamais heureux de votre réussite. Avec ceux-là, ne perdez pas votre temps dans la réconciliation. « L'homme aura pour ennemis les gens de sa maison » dit la bible. Et la sagesse africaine ajoute :« Lorsqu'il n'y a pas d'ennemis à l'intérieur, les ennemis à l'extérieur ne peuvent pas vous atteindre ». Il faut enfin savoir disposer de temps pour chaque élément. Combien de temps allez-vous vous focaliser sur la réparation et combien de temps vous devez vous concentrer sur l'héritage ? C'est à vous de le déterminer : si vous voulez vous focaliser sur le passé, sur l'héritage que vous laisserez, ou mieux encore, vous concentrer pour vous échapper de l'influence les autres ! Toute la responsabilité vous revient.

Chapitre IX

TU ES CENT POUR CENT RESPONSABLE DE TA VIE

La responsabilité individuelle est un concept que j'apprécie beaucoup. C'est une arme très importante lorsque nous voulons sortir de la pauvreté générationnelle. Si vous posez la question à cent personnes qui ont quitté l'école au secondaire ou au lycée dans des familles pauvres, près de quatre-vingt-dix pour cent invoqueront le manque de soutien. « Je n'ai pas pu continuer mes études par manque de soutien », « Je n'ai pas fait ceci parce que mon père a décidé de ne pas faire cela », « J'ai décroché à la mort de mon père parce qu'il n'y avait plus personne pour me soutenir ». Voilà les réponses que j'entends très souvent. Ces réponses sont justes peut-être. A condition d'en vérifier la véracité. Cependant, je ne dis pas que ces choses ne sont pas réelles. Ce que j'essaie de dire est qu'en voulant sortir de la pauvreté, le guerrier de la vie doit refuser la victimisation et être lui-même responsable. Dans la culture de la pauvreté, nous nous posons souvent en victimes. Tout ce qui nous arrive est la faute des autres. Pour sortir et aller scruter d'autres horizons, il est nécessaire de refuser d'être victime et prendre soi-même sa vie en main.

La cause de la victimisation dans les milieux pauvres n'est pas à chercher loin. Elle est le résultat de l'influence que notre environnement colle sur nous. Dans la pauvreté, les parents sont souvent défaillants et très critiques. Comme souligné au chapitre sur le fonctionnement du cerveau, les traumatismes provoqués vont faire apparaitre un sentiment de culpabilité, de honte et de faible estime de soi. Cet enfant une fois adulte, va toujours se comporter en victime face à une situation difficile. Il sera incapable de prendre de bonnes décisions, et même ne pas en prendre du tout. Les conséquences que nous voyons dans les communautés pauvres sont que ces gens se lancent dans les comportements destructeurs comme l'alcoolisme ou d'autres addictions. Bien que responsables de leurs situations, ils accuseront toujours les innocents et seront incapables de réfléchir par eux-mêmes pour découvrir les causes. C'est la connaissance des causes qui permet de trouver des solutions.

Dans la vie, il y a deux types d'événements : ceux qui dépendent de nous et ceux plus subtils qui ne dépendent pas de nous. Nous devons connaitre la différence entre les deux et savoir comment les gérer d'une manière responsable. Toute la sagesse pour gérer ce fait se trouve dans la prière de la sérénité. C'est un texte rédigé par le théologien américain Reinhold Niebuhr (1892–1971), au cours des années 1930, et utilisée de façon certaine dans un sermon en 1943 alors qu'il travaillait dans un séminaire protestant du « Congregational Church » à Heath, dans le Massachusetts, aux États-Unis. Cette prière propose d'obtenir la sagesse de faire la différence entre le changeable et l'inchangeable. Voici ce que dit la prière :

« Dieu, donne-moi la grâce
d'accepter avec sérénité
les choses qui ne peuvent être changées,
le courage de changer celles qui devraient l'être,
et la sagesse de les distinguer l'une de l'autre ».

Comme vous pouvez le constater, cette prière comporte trois volets. Le premier volet nous place dans la position des choses qui ne dépendent pas de nous. Ces choses, nous devons avoir la sérénité de les supporter. Il fait 40°C à midi alors que tu dois quitter la maison pour aller à l'école. Cette chaleur est une situation naturelle que tu ne peux pas changer. Tu dois apprendre à supporter et continuer à avancer. Le deuxième volet nous place en tant qu'acteur du changement dans un environnement. Il y a des choses qui ne peuvent être changées que par nous-mêmes. Ici, nous sommes responsables que nous le voulions ou pas. Et le dernier volet aussi important que les autres, est la capacité de distinguer, de discerner les phénomènes ou problèmes qui dépendent de nous ou non. La sagesse autour de cette prière doit être gravée dans la mémoire du combattant de la vie. Connaître les choses que nous pouvons changer et celles que nous ne pouvons pas changer nous permettront de ne pas perdre de temps. Il pleut le matin oui, tu ne peux pas changer cela. Mais la décision de ne pas sortir travailler nous revient. Au lieu de chercher les moyens de sortir sous la pluie, nous prenons très souvent la décision de ne rien faire et nous perdons toute une journée. Lorsque nous savons que nous ne pouvons pas changer une situation, nous devons tout de même l'accepter et trouver un moyen de nous adapter pour fonctionner dans cet environnement. Nous ne pouvons pas arrêter la pluie, mais nous pouvons sortir à temps pour éviter de nous mouiller, nous pouvons utiliser un imperméable et sortir. Même dans une situation hors de notre contrôle, il y a forcément des choses qui dépendent de nous et qui peuvent nous permettre d'avancer.

Très souvent, nous ne savons pas identifier les choses que nous pouvons ou ne pas changer. Les influences externes sont souvent hors de notre contrôle. La nature, la méchanceté des gens ne peuvent être changées par nous. Nous ne pouvons pas changer les humains, mais nous pouvons changer la manière d'interagir avec eux. Les humains égoïstes, ne te donneront rien si eux-mêmes ne gagnent rien. Mais la façon de vivre avec eux dépend de nous. Le principe de base dans la culture de la pauvreté est que nous ne retenons que les facteurs environnementaux qui ne dépendent pas de nous et nous nous asseyons, croisons les bras et ça devient des éléments de justification : « Je n'ai pas passé mon examen parce que l'oncle a refusé de payer mon assurance scolaire ».

Avec les différentes équipes de mon ONG Espace Opoko, nous enregistrons souvent les mêmes problèmes. Lorsque j'envoie certaines personnes en mission, la plupart du temps, les missions qui sont mal exécutées le sont pour des raisons environnementales qu'on ne peut pas changer. « Je n'ai pas fait des photos parce que ma batterie était déchargée » voilà ce que j'entends tout le temps. Il n'y a pas l'électricité dans les communautés autochtones pour charger les téléphones. C'est un fait hors de notre contrôle. Mais nous pouvons charger notre téléphone avant d'y aller et gérer la charge d'une manière responsable en évitant par exemple les appels et les messages pour garder la charge et faire les photos.

Dave est l'un de mes amis intimes sur lequel je peux compter même les yeux fermés. Lorsque je parle de la responsabilité personnelle face aux situations hors de notre contrôle, je prends toujours mon ami comme un héros. Son histoire est celle de plusieurs enfants issus des familles pauvres qui font face à plusieurs situations qu'ils ne peuvent changer. Contrairement aux autres qui décident de croiser les bras, Dave lui, a décidé de trouver des palliatifs pour avancer dans un environnement hors de son contrôle. La vie de Dave bascule lorsqu'il perd en espace de quelques mois, ces deux parents. Orphelin de père et de mère alors qu'il n'est qu'à l'école secondaire, Dave est recueilli par son oncle dans la ville de Sibiti. C'est à cette période que je le rencontre. Un jeune drôle, avec une joie intense de vivre et surtout, qui a la suite dans ses idées. Il rêvait d'être militaire. Humoriste, dans son sac, il avait mille belles histoires à raconter.

Avec mon père et mon frère, nous avions fui la guerre civile de 1997 au Gabon. Dave avait vécu cette guerre et je voulais comprendre ce qui s'était passé. Il me parlait des grands criminels de guerre de l'époque, les exactions perpétrées dans la région. Mon père, mon frère et moi avions mal vécu cette période de guerre parce que recherchés par un corpuscule des personnes qui voulaient assassiner mon père et nous avec. Nous avons dû passer des jours et des nuits dans la forêt en fuyant vers le Gabon. De retour au pays, je ressentais un grand besoin de comprendre comment les gens vivaient cette période de crise intense. Dave était donc ma personne ressource à l'école. Dès les premières semaines de classe, nous nous sommes rapprochés et devenus amis intimes. Bien que les choses rentraient petit à petit en ordre dans le pays, la région du Pool continuait à être un théâtre d'opérations militaire. Les trains de marchandises reliant Pointe-Noire et Brazzaville, bondés, étaient tout le temps attaqués. Les transporteurs routiers et les voyageurs étaient aussi braqués dans cette zone. L'oncle où vivait Dave était militaire. Il a été envoyé en mission dans le Pool. La mission a duré plusieurs années et Dave n'avait aucun contact avec son oncle durant tout ce temps. Il vivait donc seul dans la maison que louait son oncle. Au bout de quelques mois sans payer le loyer, le logeur a décidé de faire louer sa maison à une personne plus crédible.

Lorsqu'il finit les cours un lundi à douze heures, Dave est reçu par son logeur qui lui présente les nouveaux locataires garés devant la porte avec leurs bagages prêts à aménager. Dave se retrouve alors dehors à midi sous un soleil accablant dans une ville où il ne connaît personne. Il se retrouve face à une situation hors de son contrôle. Une situation que plusieurs enfants de son âge ont déjà rencontrée dans le pays : se retrouver dans la rue, démunis, chassés par les faux héritiers, après le décès de leurs parents.

Contrairement à la plupart des enfants, Dave n'a pas oublié son rêve. Il n'a pas choisi la victimisation, solution facile en croisant les bras, en abandonnant, en rentrant dans son village ou en dormant au marché. Cela, il ne pouvait pas le faire, la période après-guerre est souvent pleine de risque, de jour comme de nuit. C'est vrai qu'il a pleuré un moment, mais il s'est vite ressaisi et a réfléchi sur les solutions. « Que vais-je faire ? Où vais-je aller ? Que vais-je manger ? » Toutes ses questions traversaient sa tête en ce moment. Dans ce genre de situation, très souvent, les enfants pensent à leurs parents décédés. D'autres choisissent même le suicide ou la délinquance. Ce n'était pas le cas pour Dave. Il a décidé d'accepter la situation et à se concentrer sur ce qu'il pouvait changer.

De mon côté, lorsque je rentre à la maison après les cours, je trouve ma mère, qui était elle aussi à l'école le matin, en train de faire la cuisine. J'étais très en colère. « Je vais à l'école le matin

sans manger, et j'arrive à midi, la nourriture est encore au feu ! »
disais-je. Je trouvais cela anormal et inacceptable. Oui, cela nous
arrive tous à certains moments de notre vie. Nous ne voyons pas
souvent la chance que nous avons. Nous sommes souvent bornés
par notre propre personnalité et nous oublions les milliers des gens
à travers le monde qui seraient très heureux à notre place.

Ne pouvons pas supporter voir maman encore à la cuisine, je
décide de sortir marcher dans la rue. A plus de deux cents mètres
de la maison, je rencontre Dave avec son sac de voyage. Il avait les
yeux rouges, ce qui est normal. Ses yeux larmoyaient. Mais lorsque
je m'approche de lui, il me lance un sourire en me voyant. Au fond
de moi, je me demandai bien ce qui se passait. Perplexe, une
question me vint intérieurement : « Comment peut-il sourire dans
ses conditions ? » Connaissant sa force de caractère incroyable, et
voyant ses yeux rougis, je sus que mon ami avait rencontré quelque
chose de grave.

« Ngoualaka, yangu ni yi ? » Le questionnais-je dans ma
langue maternelle, ce qui signifie, oncle qu'est-ce qui ne va
pas ? Dans ma culture, l'oncle maternel est considéré comme un
ami avec lequel l'on peut parler de tout. C'est souvent lui qui
nous initie dans beaucoup de choses de la vie. Dans mon village,
lorsqu'un jeune a du mal à parler aux femmes par exemple, c'est à
l'oncle qu'il va souvent demander conseil. Cette proximité avec
l'oncle fait que même les meilleurs amis sont souvent considérés
comme les oncles. Ce fut mon cas avec Dave que j'appelai ainsi
oncle pour témoigner de sa proximité et sa complicité avec moi.
Un ami qui est devenu mon Ngoualaka. Lorsque je lui pose la
question de savoir ce qui se passe, il me répond : « Ce n'est pas
vraiment grave, mais je venais te voir ». Après quelques minutes
de questionnement sans suite pour chercher à savoir ce qui se
passait, il me dit : « Je voudrais en réalité rencontrer maman pour
lui demander quelque chose ». « Demander quelque chose à ma
mère ? S'il s'est passé quelque chose à l'école, tu dois me le dire
avant. Tu n'as pas besoin de voir notre mère pour ça mon

ami ! ». J'étais en réalité un peu turbulent à l'école, mais je ne voulais pas que ce qui se passe à l'école arrive à la maison.

Voyant que je ne voulais pas le laisser parler à ma mère, il décide de me présenter sa situation. Choqué de voir mon ami dans ce pétrin, je décide d'élaborer un plan avec lui. Je devais le présenter à ma mère comme un jeune très intelligent. Ensuite, Dave présentera la situation et faire sa demande. Il ne pouvait rester que pour quelques jours en attendant que la grand-mère de Dave trouve une solution. Arrivés à la maison, la situation fut exposée comme prévu. Maman n'a même pas pris le temps de réfléchir avant de dire : « Mon fils, je suis une mère et j'ai des enfants de ton âge. Je ne peux pas voir le fils d'une femme comme moi dans ta situation et ne pas ouvrir ma porte. Tu peux rester jusqu'à la fin de l'année, si d'ici peu, une solution n'est pas trouvée. Mais, il y a une condition, tu dois suivre les mêmes règles que tes frères ». Dave a accepté et nous sommes restés à la maison jusqu'à la fin de l'année scolaire. Avant d'aller en vacances au village, maman lui dit : « Tu peux aller en vacances, mais sache que tu as désormais un toit ici. Reviens quand tu voudras ». Dave est ainsi resté avec nous du secondaire jusqu'à l'université. De cet événement est née notre amitié qui a grandi jusqu'à ce jour.

Chaque fois que je rencontre les étudiants en difficulté, je leur parle toujours de Dave mon héros. Dave m'a montré que le monde n'est pas parfait. Dans notre chemin vers la réussite, nous rencontrons toujours les problèmes qui sont hors de notre contrôle. Comme Dave, je choisis toujours d'avancer en cherchant de trouver les solutions. Malgré ce qui se passe dans votre vie, sachez-le qu'il n'y a pas d'excuses. Nous devons jouer avec les cartes que nous avons et non avec celles que nous aimerions avoir.

J'aime beaucoup lorsqu'Oprah Winfrey dit : « Vous êtes responsable de votre vie. Vous ne pouvez pas continuer à blâmer quelqu'un d'autre pour vos échecs. La vie, c'est vraiment aller de l'avant ». Nous échouons pour des choses que nous pouvons pourtant changer. Il pleut, c'est vrai, est-ce vraiment un empêchement, un obstacle pour aller au travail ou à l'école ?

Lorsque j'étais sur le banc de l'école primaire, il arrivait très souvent que je me retrouve à l'école avec quelques amis alors que les autres avaient décidé de rester à la maison ou de faire l'école buissonnière. On arrivait souvent mouillé à l'école, mais on trouvait toujours les moyens de protéger nos cahiers, on les mettait dans le sac des filles. Ce qui était intéressant est qu'aucun élève ne pouvait être chassé parce qu'il arrivait tardivement mouillé à l'école. La fin de la pluie ne dépendait pas de moi. Ce qui dépendait de moi c'était protéger mes cahiers.

Au lycée, il arrivait que seulement qu'une dizaine d'élèves fussent présents en classe après la pluie. C'était d'ailleurs pendant ces périodes d'intempérie que mon professeur de Français, Monsieur Moufouma aimait donner des devoirs. Les absents justifiés avaient souvent des devoirs de rattrapage. Mais c'était toujours mieux de faire un devoir tranquillement lorsque qu'il pleuvait. On pouvait travailler au de-là de deux heures sans arrêt. La pluie est un élément naturel, mais la décision de ne pas aller à l'école nous revient. L'échec est souvent le cumul de plusieurs mauvaises décisions prises dans le passé. Manquer de soutien est un concept vaste. Dire que nous avons abandonné par manque de soutien n'explique vraiment pas la situation ; parce qu'il y a autour de nous, les gens qui traversent une situation similaire. De même, il y a des gens issus des classes moyennes qui abandonnent aussi.

A chaque fois que vous êtes face à une situation où vous voulez décider d'abandonner, posez-vous cette question : « Qu'est-ce qui dépend de moi et qu'est-ce qui ne dépend pas de moi ? ». Vous pouvez par exemple faire une liste des choses qui dépendent de vous et les analyser pour voir s'il manque des éléments que vous pouvez user pour vous adapter à la situation et avancer. Trouver les moyens à utiliser pour atteindre les objectifs que nous nous sommes fixés est impératif. Vous vivez peut-être dans un pays où le taux de chômage est élevé ; où le système éducatif s'est effondré ; où le système de santé n'existe presque pas ; où la liberté d'expression est confisquée. Bref, tous les ingrédients sont réunis

160

pour garder les jeunes dans la pauvreté. Mais en observant autour de vous, vous voyez quand-même quelques personnes qui réussissent et vous vous demandez ce qui se passe. Pourquoi c'est seulement les autres qui réussissent et pas moi ? Si vous vous êtes déjà posé cette question, comprenez qu'il y a des choses que vous faites différemment.

Ce que la pauvreté fait en premier chez un humain est de lui ôter les raisons de vivre. Une personne qui n'a pas de raison de vivre n'a pas une longue vie, disait mon grand-père. Cette pensée est bien illustrée dans le livre de Viktor Franklin intitulé « Découvrir le sens de sa vie ». Viktor Franklin a passé trois ans dans un camp de concentration nazi, lors de la Seconde Guerre mondiale. Dans ce camp, il a constaté que ceux qui mouraient étaient ceux-là qui n'avaient pas de raisons de vivre. Il souligne que, le fait d'avoir un but et un sens à sa vie l'aidait à survivre aux conditions inhumaines de détention. Dans ce livre, l'auteur conclut que « le test ultime pour nous tous est de trouver un sens à notre vie. Et il est dans le pouvoir de chacun de trouver un sens à sa vie, quelles que soient sa santé, sa richesse ou les circonstances aussi misérables ou désastreuses soient-elles ». Tout en vous conseillant de lire, « Découvrir le sens de sa vie » je me permets de partager avec vous, chers lecteurs, les cinq leçons que vous devez retenir :

- **Quelles que soient les circonstances, nous avons toujours la possibilité de choisir notre attitude.**

Lors de ses 3 ans de captivité, il a observé ce qui suit : « *Nous qui avons vécu dans des camps de concentration, nous pouvons nous souvenir des hommes qui se promenaient dans les baraques, réconfortant les autres, donnant leur dernier morceau de pain. Ils étaient peut-être peu nombreux, mais ils offrent une preuve suffisante que tout peut être pris à un homme, sauf une chose : la*

161

dernière des libertés humaines - choisir son attitude dans n'importe quel ensemble de circonstances données, choisir sa propre voie ». Et je dirais, quel que soit la situation de pauvreté dans laquelle vous-vous trouvez, vous pouvez faire le choix de changer, d'avancer et de briller. Et à Bill Gates d'ajouter : « Si vous êtes né pauvre, ce n'est pas votre faute ; mais si vous êtes mort pauvre, c'est de votre faute ». Franklin et ses compagnons de détention ont été dépouillés de tout. Leurs familles, leurs amis, leurs emplois, leur santé, leurs possessions, même leurs noms et les poils de leurs corps. Mais une chose demeurait en eux. Il s'agit de leurs discours intérieurs ou leur principe directeur. C'est-à-dire qu'ils pouvaient choisir comment réagir à une pensée, une émotion ou un ensemble de circonstances données. Il souligne clairement :

« Même si des conditions telles que le manque de sommeil, une nourriture insuffisante et diverses contraintes mentales peuvent laisser penser que les détenus étaient voués à réagir de certaines manières, en dernière analyse, il apparaît clairement que le type de personne que le prisonnier est devenu est le résultat d'une décision intérieure et non le résultat des seules influences du camp. Fondamentalement, tout homme peut donc, dans de telles circonstances, décider de ce qu'il doit devenir - mentalement et spirituellement ».

- **Nous pouvons vivre dans la souffrance, mais c'est la façon dont nous réagissons à la souffrance qui compte.**

Franklin pense qu'il y a trois façons par lesquelles nous pouvons trouver un sens à notre vie. Par le travail, lorsque celui-ci est à la fois créatif par nature et aligné sur un objectif plus grand que soi. Par l'amour, qui se manifeste souvent par le service gratuit à nos semblables. Et par la souffrance, qui est fondamentale dans l'expérience humaine. Cette souffrance que nous endurons lorsque nous vivons dans la pauvreté. A la différence de nombreux parmi nous, Franklin acceptait sa souffrance, mais décidait lui-même comment réagir. Cette acceptation de la souffrance l'avait poussée ainsi à écrire cette sagesse : *« S'il y a un sens à la vie, alors il doit y avoir un sens à la souffrance. La souffrance est une partie éradicable de la vie, au même titre que le destin et la mort. Sans la souffrance et la mort, la vie humaine ne peut être complète».*

Être pauvre est un fait, mais décider comment réagir à cette pauvreté relève de notre choix personnel. Nombreux sont ceux qui décident d'y rester en ne faisant rien pour avancer. « *La manière dont un homme accepte son destin et toutes les souffrances qu'il entraîne, la manière dont il prend sa croix, lui donne amplement l'occasion - même dans les circonstances les plus difficiles - d'ajouter un sens plus profond à sa vie»* dit Franklin. Il s'agit-là des paroles d'une personne qui a vécu la souffrance la plus atroce que la nôtre. Comprenez donc qu'entre les difficultés que nous rencontrons et notre réaction, il y a toujours un espace qui nous donne la liberté de choisir quelle réaction avoir. C'est difficile à dire, mais être mécontent dans la vie est en réalité notre propre choix. Mon expérience avec les peuples autochtones me permet de dire souvent que même le bonheur est un choix. Kouya Norbert, un père de famille autochtone m'a dit un jour : « Les gens ne sont pas mécontents parce qu'ils sont pauvres. Ce sont eux qui ont choisi d'être mécontents. Sinon, nous pouvons choisir d'être heureux même dans notre pauvreté ». Vous avez donc le choix de transformer votre situation.

- **La puissance de l'objectif**

Franklin témoigne que dans les camps de concentration, il y avait comme deux groupes de personnes. Ceux qui étaient toujours tristes et ceux qui parfois faisaient des blagues entre eux et parfois trouvaient du temps pour rire. Nombreux se demandaient comment les gens pouvaient rire dans ces conditions de détention. Ils pensent en réalité qu'avoir un objectif dans la vie nous permettait d'endurer la souffrance et de pouvoir tout faire pour s'en sortir. Lorsque

Franklin est sorti des camps de concentration, il a observé que les prisonniers qui avaient survécu, avaient trouvé un moyen d'endurer, sont ceux-là qui affichaient toujours un objectif plus grand, qui les permettait d'avancer dans des conditions difficiles. Pour certains, il s'agissait d'un enfant qui vivait dans un pays lointain et qui les attendait à la libération. Pour d'autres, c'était un conjoint ou un membre de la famille. Pour d'autres encore, c'était une tâche inachevée ou un travail créatif qui nécessitait leur contribution unique. Il écrit : « *Le prisonnier qui avait perdu la foi en l'avenir - son avenir - était condamné. Avec sa perte de foi en l'avenir, il perdait aussi son emprise spirituelle ; il se laissait décliner et devenir sujet à la déchéance mentale et physique.* ». Il explique par exemple qu'en 1944 durant la période de Noël, il y a eu une forte augmentation des décès dans le camp de concentration. Sa conclusion était que ceux qui mouraient étaient ceux-là qui gardaient naïvement l'espoir d'être libérés avant Noël. À mesure que la fin de l'année approchait et qu'il devenait évident que leur situation était inchangée, ils perdaient courage et espoir. Cela a eu un impact sur leur pouvoir de résistance et leur capacité à survivre. Avoir un objectif à atteindre nous permet donc de supporter les moments difficiles.

Pendant que j'étais au lycée, j'ai eu une conversation avec l'oncle Scott. Il me parlait du rêve américain. Il m'expliquait comment tout le monde pouvait réussir sur tous les plans aux États-Unis. Il me parlait des records Guinness, des gens qui devenaient riches du jour au lendemain grâce aux prouesses qu'ils pouvaient réaliser. A l'époque, j'avais encore dans ma mémoire, des nombreuses histoires contées par mon grand-père. L'oncle Scott me disait qu'aux Etats-Unis, on pouvait devenir riche juste en contant des histoires à la télé. Depuis ce jour, j'avais mis dans ma tête comme objectif, aller aux Etats-Unis et devenir riche grâce aux contes. J'ai établi un plan précis qui commencerait par l'apprentissage de la langue anglaise. Depuis, ce rêve s'est installé dans ma tête, peu importe ce que je rencontrais dans la vie, je me disais au fond de moi : « tout ceci finira lorsque je serai aux États-Unis ». A l'université, j'étais amoureux d'une fille. Son père était ministre et avait beaucoup d'argent. Elle venait à l'école en voiture alors que je venais à pied. Elle achetait ce qu'elle voulait à la cafète. Le prix d'une omelette à l'université constituait le marché de deux jours pour mon frère et moi. Elle dépensait quotidiennement les yeux fermés cette somme. Un jour, j'ai décidé de prendre mon courage à deux mains pour lui avouer mes sentiments. Elle était assise seule sur une table à la cafète. Je suis rentré et j'ai demandé si je pouvais m'asseoir avec elle. Poliment, elle a accepté et je me suis installé. Je savais que les occasions de la voir seule étaient très minces parce que tout le monde voulait lui parler. J'avais en tête, un texte bien préparé que j'ai récité, mais pas sans stresse. Après m'avoir écouté, elle m'a poliment répondu que ce que je voulais ne pouvait pas arriver. « Je t'apprécie beaucoup Averty. Tu es brillant et tu as de la suite dans les idées. Mais je ne peux pas avoir une relation avec toi ». Bien que sachant qu'elle n'allait pas changer d'avis, j'ai voulu appliquer les conseils de l'oncle Vincent : « Les filles disent toujours non avant de dire oui », aimait-il à dire en affichant un sourire de connaisseur de cette matière. La stratégie de l'oncle Vincent n'avait pas marché et la fille m'a donné les vraies raisons de son refus. J'avais honte de moi. Je venais de briser une amitié, mais une chose me consolait et je le répétais au fond de moi : « Un jour j'irai aux États-Unis et je deviendrais quelqu'un d'important ». Comme par magie, chaque fois que je répétais cette phrase dans ma tête, je pouvais résister à tout, je devenais un gladiateur. Lorsqu'on me traitait de « n'importe qui », lorsque quelqu'un refusait de m'aider, lorsque je passais des journées entières sans manger, je gardais toujours mon objectif en tête et celui-ci devenait mon fétiche puissant qui me permettait de tout surmonter. C'était pour moi comme un bouclier pour contrer toute idée qui essayait de freiner mon élan.

Vivre sans objectif dans la vie c'est vivre à la merci des événements externes. Il suffit d'une petite tempête pour changer la trajectoire de notre vie. Les objectifs doivent être pour chacun de vous, une fondation en pierres sans laquelle la maison peut être transportée par le vent. Ayez donc des objectifs dans votre vie.

Forgez-vous des raisons de vivre et vous verrez que vous arriverez à avoir un moral trempé à toute épreuve.

Nous ne pouvons pas sortir de la pauvreté si nous n'avons pas des convictions et des valeurs. Mon oncle Marc disait toujours : « Fils, il faut avoir des choses pour lesquelles tu ne peux marchander ». Ce sont ces choses qui donnent un sens à notre existence. Les choses sans lesquelles nous nous plongerons dans le désintérêt de la vie. Et l'expérience dans les villages africains montre que les personnes dépourvues d'intérêt à vivre ne vivent plus longtemps.

Ngima était un vieux de mon village. Sa femme Banmvi était sa raison de vivre. Il ne jurait que sur elle. Il l'avait épousé depuis qu'elle était âgée de quinze ans. C'était pour Ngima une époque où les femmes étaient devenues rares. Malgré les infidélités qu'il n'hésitait pas d'attribuer à sa femme quand il était saoul, après quelques litres de Tsamba, vin de palme, pris avec ses amis, il s'était surpris qu'il l'aimât de tout son cœur. Et même dans son état d'ébriété, il arrêtait de parler dès que sa femme le menaçait ; il entrait dans sa maison. Pour qu'il arrête de l'insulter sa femme lui demandait juste le divorce. Alors Ngima se taisait comme un enfant. Tant ses sentiments étaient profonds pour sa jeune épouse. Quelques semaines après, Banmvi s'était fait mordre par un serpent alors qu'elle enlevait de l'herbe autour des toilettes, derrière sa maison. L'hôpital le plus proche était situé à cinq kilomètres et il n'y avait pas de voiture dans le village. Dans ce genre de situation, les gens devaient tirer le venin du serpent par la bouche.

En effet, avec une lame de rasoir traditionnelle, l'on fait une incision sur la morsure, et une personne place sa bouche sur la blessure, aspire le venin, puis crache naturellement le sang. Malheureusement, le serpent dont il était question ici était une vipère, reconnue par sa dangerosité. Personne ne pouvait donc accepter de prendre le risque d'avoir les venins dans sa bouche. À moins de vouloir se suicider. Ngima décida, à la grande surprise de tous, de le faire pour sauver son épouse étendue sur le grabat.« Laissez-moi faire ! Si je ne le fais pas, je ne pourrais plus vivre si mon épouse meurt !» Disait-il en pleurant. Personne n'osa consentir de lui laisser le temps de prendre un tel risque. Il pleurait à gorge déployée et il fallait plusieurs hommes pour l'empêcher de s'approcher de sa femme. Le temps de fabriquer une civière en bois pour tenter la transporter à pied à l'hôpital, l'on constata avec stupeur que Bamvi avait cessé de respirer. Elle avait décidé de ne plus se battre et de quitter le monde des vivants.A la veillée funèbre, pendant qu'on emballait la dépouille de sa femme pour la placer dans un cercueil, Ngima demanda secrètement à son neveu de garder un drap pour lui. Ce dernier pensait qu'il le voulait pour se couvrir, mais trois jours après l'enterrement, Ngima est retrouvé mort un matin dans sa chambre sur son lit en bambou. Le constat fait, l'on remarqua l'absence d'un quelconque signe de suicide, ni de violence. Il s'était éteint d'une manière naturelle. Au début, des hypothèses les plus farfelues étaient énoncées. « Les deux avaient signé un pacte de sang », « C'est la femme qui protégeait son mari contre les sorciers » « Des sorciers envieux l'avaient mangé pour hériter des biens.» Oui, la superstition avait encore de beaux et sinistres jours dans les esprits des gens. Mais son neveu, nonobstant ces avis invraisemblables, s'enhardit de dire la vérité publiquement. « Mon oncle est mort de soucis, parce qu'en réalité sa femme était sa raison de vivre. En perdant sa femme, il avait perdu sa raison de vivre.» Il fut hué copieusement par les plus aliénés et endurcis dans les croyances erronées.

Aujourd'hui, grâce aux progrès de la science, on comprend que le vieux Ngima marqué par le décès tragique de sa jeune épouse qu'il chérissait, s'est désintéressé de la vie et avec son âge, il a dû faire un accident cardio-vasculaire. Plutôt que de trouver un désintérêt pour la vie et se laisser guider par les événements extérieurs, nous devons avoir les objectifs dans la vie. Objectifs pour lesquels nous serons capables de réveiller le puissant génie inné qui sommeille en chacun de nous.

- **Le véritable test de notre caractère se révèle dans notre façon d'agir**

Nous pouvons être soumis à un même problème, mais nos réactions ne seront jamais les mêmes. J'ai grandi dans un village où l'école primaire était à cinq km du village. Il fallait quitter le village à 4h du matin pour aller à l'école. Nous partions à l'école avec plusieurs autres enfants qui vivaient les mêmes conditions que nous. Nous vivions tous avec nos grand-mères. Nous marchions sous la pluie sans protection. Nous passions tous des journées entières sans manger. Mais chacun de nous a eu une réaction propre à lui. Certains ont abandonné dès l'âge de 6 ans. D'autres ont résisté pendant quelques années. Nous n'étions pas nombreux à arriver à l'université. Dans son livre, Franklin nous explique qu'il n'y a pas de réponse générale au sens de la vie. Chaque personne répond à cette question pour elle-même. Nous trouvons notre propre sens unique en fonction de nos circonstances, de nos relations et de nos expériences. La vie nous met essentiellement à l'épreuve, et la réponse se révèle dans notre façon de réagir. Soumis aux mêmes conditions, certains abandonnent et d'autres avancent. Souvent, nous nous posons la question de savoir pourquoi les autres réussissent dans cet environnement alors que nous échouons. « *Chaque jour et chaque heure. Notre réponse doit consister, non pas exclusivement dans le discours et la méditation, mais particulièrement dans l'action juste et la conduite juste. La vie, c'est finalement prendre la responsabilité de trouver les bonnes réponses à ses problèmes et d'accomplir les tâches qu'elle fixe constamment à chaque individu* » souligne Franklin.

En conclusion, les solutions pour quitter notre situation actuelle ne se trouvent pas ailleurs. Elles ne sont ni en orient ni en occident, mais elles se trouvent en nous. Elles se révèlent chaque jour et chaque heure, dans notre choix de prendre les bonnes mesures et d'accomplir nos devoirs et nos responsabilités.

• La bonté humaine peut se trouver dans les endroits les plus surprenants

Lorsqu'on parle des camps de concentration, on se dit tout de suite que les gardiens autours étaient de véritables sanguinaires. Ceux qui ont vécu dans ces camps affirment que les directeurs de certaines cellules étaient parfois des prisonniers. Malheureusement, certains prisonniers bénéficiant d'une autorité sur les autres, n'hésitaient pas de commettre des actes criminels envers d'autres détenus. Franklin témoigne qu'un jour, alors qu'il était sur le point de mourir, un gardien, au péril de sa vie, a décidé de lui glisser discrètement un morceau de pain. Il appelait cela des moments étonnants de bonté humaine de la part des gardiens. C'est d'ailleurs pour cela qu'il souligne à la sortie de la prison : « Le simple fait de savoir qu'un homme était soit un gardien de camp, soit un prisonnier ne nous apprend presque rien. La bonté humaine peut être trouvée dans divers groupes, même les plus inattendus, ceux qu'il est facile de condamner ». C'est dire que peu importe le milieu dans lequel nous nous trouvons, malgré le niveau de pauvreté, la méchanceté du système, l'on peut toujours rencontrer les gens au cœur d'or, sur lesquels s'appuyer pour progresser. Rassurez-vous, les difficultés ne manqueront jamais. Il y aura toujours les tempêtes, les événements externes seront toujours là, indépendamment de notre volonté pour nous barrer le chemin. Mais, dans ce climat, il y a toujours ceux qui réussissent. Il y a toujours ceux qu'on appelle les déviants positifs. Ils acceptent avec sagesse ce qu'ils ne peuvent pas changer, pour se focaliser sur ce qu'ils peuvent changer. Dire que nous avons échoué parce que nous n'avons pas de soutien est un raccourci que nous utilisons souvent pour charger la responsabilité sur les autres. La meilleure façon de justifier un échec est de toujours nous mettre au centre du raisonnement : « Je n'ai pas réussi parce que j'avais abandonné », voilà ce qu'il faut dire. Il y a également dans la culture de la pauvreté un aspect qu'il faut combattre. Ce que j'appelle les prophéties auto-réalisantes. La plus grande prophétie connue par la majorité de la population de l'Afrique Francophone est : « Je n'irai pas en Angleterre » pour justifier le séchage du cours d'anglais. Cette phrase, je l'ai entendue plusieurs fois à l'école. Au départ, elle apparait comme une blague. Mais après, ceux qui la prononcent très souvent, sèchent les cours d'anglais.

Certains parents pronostiquent que leurs enfants ne réussiront pas dans leurs études. Les enfants intériorisent ces vibrations négatives et finissent par ne plus faire d'efforts. James Allen le dit si bien : « Nous sommes ce que sont nos pensées. Ce que nous devenons, nous l'avons forgé et construit. Lorsque l'esprit de l'homme engendre des pensées mauvaises, la souffrance suit, comme la nuit suit le jour... La joie accompagne comme son ombre celui qui persiste à entretenir des pensées pures. ». Il ajoute encore en soulignant que l'homme se fait ou se défait par lui-même ; dans l'arsenal de sa pensée, il forge les armes par lesquelles il se détruira ; mais il façonne également les outils avec lesquels il construira pour lui- même les châteaux célestes de la joie, de la force, de la paix. Par un juste choix et une mise en œuvre conforme de ses pensées, l'homme s'élève jusqu'à la perfection divine ; par l'abus et une mauvaise application de ses pensées, il se rabaisse au niveau de la bête, et plus bas encore. Entre ces deux extrêmes se trouvent tous les types de caractères dont l'homme est le seul maître et le seul responsable.

Il est vraiment important de surveiller ce que nous disons lorsque nous voulons sortir de la pauvreté. Face à une difficulté, souvent je m'amuse à choisir les options. Je demande cela très souvent aux membres de mon équipe. « Nous sommes face à cette difficulté. Quelles sont les options que nous avons pour contourner la difficulté ? ». Souvent je prends trois options et je commence par celle qui me semble la meilleure. Quel que soit le problème, lorsque nous prenons le temps d'analyser toutes les facettes pour démêler ce qui dépend de nous et ce qui ne l'est pas, forcément, nous nous trouverons face à plusieurs options. Ensuite, nous nous mettons à l'action, jusqu'à ce qu'une solution soit trouvée.

Si l'enfant n'avance pas sur le plan scolaire, cela ne veut pas dire qu'il est idiot. Il faut identifier le problème de l'enfant et trouver les options. La grenouille meurt dans l'eau parce qu'elle a accepté d'être là, de s'adapter à la chaleur. Décidons de quitter la pauvreté, de changer les paradigmes, de démêler ce qui dépend de nous et mettons-nous au travail. Nous aurons forcément des bons résultats si sous faisons des bons choix. Et lorsque nous arriverons au bout du tunnel, pensons à l'héritage que nous laisserons.

Chapitre X

L'Héritage

Nous sommes tous de passage sur cette terre. Nous obéissons tous à une loi naturelle qui consiste à naître, vivre et mourir. Dans beaucoup de cultures africaines, la vie ne s'arrête pas à la mort et la suite dans l'au-delà dépend de ce que nous avons fait de notre vivant. Nos grands-parents pensaient que notre héritage sur terre jouait de beaucoup sur la suite du processus. C'est pourquoi plusieurs grands-parents se focalisent souvent sur ce qu'ils laisseront après la mort. *« Un père qui n'a pas légué un héritage digne à ses enfants est une honte pour la société »*, dit un proverbe Ndassa. De même, lors de notre parcours pour sortir de la pauvreté, quel que soit le niveau où nous nous trouvons, si nous n'avons pas laissé un héritage, c'est que nous avons échoué. Lorsque je parle d'héritage, je ne fais pas nécessairement allusion à des richesses financières.

J'ai parlé un jour avec ma mère sur la question de l'héritage. Elle me disait qu'elle avait échoué parce qu'elle n'avait pas réussi à léguer l'héritage qu'elle voulait à ses enfants. J'ai pris du temps pour lui expliquer qu'elle se trompait. Ma mère est issue d'une famille très pauvre. De père et de mère cultivateurs, elle n'a reçu aucun héritage matériel. Ce qui peut être considéré comme héritage matériel de mes grands-parents maternel est un arbre fruitier que nous avons surnommé Obita.

Après avoir rappelé cela à ma mère, je lui ai fait un bref historique de son parcours. Son père et sa mère ne sont jamais allés à l'école, mais ma mère est allée à l'école et elle est devenue enseignante. Lorsque ma mère est arrivée la première fois dans la ville de Sibiti, elle était locataire, mais aujourd'hui elle est propriétaire. Ma mère n'est pas allée à l'université, mais tous ses enfants y sont allés à l'exception d'un fils. Ma mère a été locataire dans la ville de Sibiti, mais a fait en sorte que ses enfants ne le soient jamais. Contrairement à ce qu'elle pensait ma mère n'a pas échoué. Mais ce n'est pas pour autant dire qu'elle est sortie de la pauvreté générationnelle.

Rappelons-nous, la pauvreté générationnelle est un système mis en place depuis des générations. Il est donc difficile qu'une seule génération en sorte aussi facilement. Mais il est important que chaque génération fasse de son mieux pour léguer un héritage à la suivante pour que celle-ci ait une vie différente. Si notre enfant vit les mêmes difficultés que celles que nous avons vécues dans notre enfance, c'est que nous avons échoué.

Mon père a un principe, tous ses enfants doivent avoir plus de diplômes que lui. C'est un principe qu'il a hérité de son père qui n'était jamais allé à l'école. « *Je ne suis jamais allé à l'école, mais tous mes enfants et petits-enfants doivent y aller. Je ne parle pas français, mais mes enfants et petits-enfants doivent en parler* » disait-il.

La pauvreté générationnelle est un mal qui gangrène nos sociétés. Chacun de nous le voit en se réveillant chaque matin. Lorsque nous apprenons quelques moyens d'en sortir, il est de notre responsabilité de faire profiter les autres. « Celui qui sort, sort les autres » est un principe de ma famille que chacun doit intérioriser. Le processus de sortie de la pauvreté est tellement long, avec beaucoup de difficultés qu'il est important de faire du bruit sur chaque obstacle pour faire signe aux autres.

Dans ma jeunesse, je suis allé à la chasse plusieurs fois avec mon beau-frère Romys. La chasse se faisait la nuit. À l'aide d'une lampe torche électrique, le chasseur parcourt une longue distance dans la forêt à la recherche des animaux. Dans l'obscurité, plusieurs animaux ont les yeux qui brillent en présence d'une source de lumière. Un phénomène dû à une couche de cellules située au fond de leurs yeux, dont l'homme est dépourvu. Elle est nommée «tapetumlucidum», qui signifie «tapis luisant» en latin. Elle fait office de miroir et, comme son nom l'indique, renvoie vers l'extérieur le faisceau reçu. Ce faisceau permet donc au chasseur de repérer l'animal et de tirer sur lui.

Nous n'avions qu'une seule torche, celle qu'utilisait le beau-frère Romys. Je marchais donc derrière lui dans le noir. Je devrais juste rester derrière lui et marcher à son rythme. Chaque fois qu'il voyait un obstacle au sol, il frappait dessus avec son pied, ou il éclairait l'obstacle pour que je ne trébuche point. Comme les chasseurs, lorsque nous nous engageons sur le chemin pour sortir de la pauvreté générationnelle, nous devons servir d'éclaireur pour les autres. Nous devons signaler les obstacles pour que la génération suivante ait moins des problèmes que nous. Si nous voyons les obstacles et que nous ne fassions pas signe aux prochaines générations, c'est que nous avons échoué.

Chacun de nous a un héritage à léguer aux futures générations. Ce livre est pour moi un héritage pour les futures générations qui vivent dans la même situation que moi. Nous avons peut-être des parents et des grands-parents pauvres mais ces derniers peuvent laisser à leurs enfants l'héritage le plus riche au monde. La pauvreté est donc un choix que nous faisons.

Regardez autour de vous, vous verrez que plusieurs personnes pauvres ont laissé les grands héritages aux générations futures. Malheureusement, dans la pauvreté, nous avons tellement des priorités liées à la survie que nous avons du mal à percevoir certaines choses. Voici quelques personnages décédés que j'ai connus dans mon enfance. Ces personnes ont chacune, laissée un héritage qui n'est pas toujours facile à percevoir. Ils ont vécu ici-bas, mais leurs souvenirs sont restés gravés dans ma mémoire et j'aimerais les partager aux futures générations.

.

Le leadership civique de nos aïeux :

1. Malanda

Dans les sociétés traditionnelles africaines, l'enfant appartenait à la communauté toute entière. Il n'y avait pas des voisins, pas de cousins, des cousines, des nièces etc. Il n'y avait que des enfants des oncles, des tantes des pères, mères et des grands-parents. Le petit frère de ton père n'était pas appelé oncle mais papa. Le fils à la petite sœur de ta mère n'était pas appelé cousine, mais ta sœur. Même la femme du voisin était appelée maman. Les amis du grand-père qui habitent le village voisin étaient les grand-pères aussi. Bref, toute la communauté de Bambama constituait une famille malgré les différences ethniques. Même après plusieurs années d'évolution et de mixage avec la culture occidentale, certaines personnes ont pu conserver ces valeurs ancestrales qui caractérisaient l'unité des peuples au seinde la communauté. C'est le cas de Malanda, ce personnage emblématique qui a marqué les enfants scolarisés du village Molokai. Papa Malanda, comme aimaient l'appeler les jeunes de Molokaï, avait un niveau de compassion qu'on ne pourra peut-être plus jamais trouver dans la communauté. Molokaï était un village dépourvu d'école, situé à cinq kilomètres de Bambama Centre. Tous les enfants de ce hameau, détruit par la guerre civile de 1997, partaient étudier à Bambama Centre où se trouve la plus grande école primaire et l'unique collège de la communauté. Dès l'âge de six ans, les enfants de ce petit village se réveillaient chaque quatre heures du matin pour parcourir les cinq kilomètres de forêt pour se rendre à l'école. Lorsqu'ils finissaient les cours à douze heures, ils rentraient au village. Lorsqu'ils devaient participer à une activité scolaire dans l'après-midi, ils restaient toute la journée dans la cour de l'école, pour participer à l'activité et rentrer au village le soir à la fin des cours.

Ces enfants, issus des familles pauvres, n'avaient pas de sacs scolaires et partaient à l'école sans manger ; ils ne pouvaient acheter quoi que ce soit par manque d'argent. Ils passaient donc des journées entières à l'école pour revenir manger le soir au village. Comme la providence assiste toujours ses êtres, elle a finalement placé Malanda, ce sexagénaire agriculteur et malafoutier (récolteur de vin de palme) sur la route de cette école. Malanda était originaire du village Lekana, un village situé à deux kilomètres de Bambama centre. Bien que n'étant pas natif, et n'ayant pas de la famille à Molokaï, Malanda considérait tous les enfants de ce village comme les siens. Sa maison était comme cette case de passage où tout le monde pouvait avoir son compte. Son hangar était un lieu de repos par défaut de tous les élèves de Molokaï. « *Je ne dois jamais vous voir passer ici sous la pluie ou sous la canicule. Chaque fois que la pluie vous surprend en route, vous devez vous cacher chez moi, même si je ne suis pas là* », nous disait-il gentiment.

Pour la sécurité des élèves dans la majorité des écoles rurales du Congo, tous les enseignants sont obligés de libérer les enfants dès que les premiers signes météorologiques annoncent à l'horizon, la tombée imminente d'une pluie diluvienne. Sans tarder, la fin des cours arrivait et les élèves étaient libérés. Tous les élèves de Molokaï savaient qu'ils devaient courir très vite, parcourir deux kilomètres pour aller se cacher dans le hangar de Malanda. C'était le seul endroit recommandé où tout le monde était chez soi. Dans son hangar, Malanda avait aménagé une étagère spéciale pour les élèves de Molokaï car il avait déjà donné à tous, la consigne suivante : « *Chaque fois que vous ne me trouverez pas ici et que vous voyez la nourriture à cet endroit, sachez que je l'ai laissée pour vous* ».La porte de sa maison n'avait pas de clef. « *Ma maison est toujours ouverte si vous avez besoin de quoi que ce soit en passant* » répétait-il tout le temps. Il arrivait même qu'il concocte tout un plat rien que pour les élèves avant son départ dans la forêt. Il arrivait parfois que les élèves quittent leur village ventre affamé et trouvent quelque chose à manger dans le hangar de Malanda avant de continuer leur route.

Pourquoi une personne de plus de soixante ans pouvait consacrer autant de temps à aider les petits enfants sans attendre quelque chose en retour ? Vu qu'il n'avait jamais été à l'école, comment pouvait-il connaitre les principes du leadership servant ? Suite à ces questions, nous pouvons juste affirmer que la compassion est une valeur innée chez l'être humain. Nous ne sommes pas obligés d'avoir des diplômes pour comprendre la souffrance de notre prochain. Une fois cette souffrance comprise, nous devons nous poser la question de savoir si nous ne pouvons lui venir en aide d'une manière ou d'une autre.

Un jour, sous la pluie, pendant que les élèves de Molokaï se cachaient dans son hangar, papa Malanda a profité d'une conversation pour prodiguer quelques conseils aux élèves : « *Mes enfants, nous vos pères, n'avions pas eu la chance d'aller à l'école. Le monde de demain, votre monde et celui de vos enfants aura beaucoup de problèmes. La communauté aura besoin des dignes fils pour s'en sortir. Ces dignes fils seront ceux qui auront été à l'école. Et cette école ne se limite pas ici au village. Vous devez aller loin. Vous devez rendre fière notre communauté. Les gens doivent entendre parler de Bambama. Je vous dis cela, parce que j'ai confiance en vous. Que la souffrance que vous endurez aujourd'hui ne vous décourage pas. Soyez forts et sachez que, dans ma tombe, lorsque je ne serai plus de ce monde, grande sera ma joie toutefois que vous poserez un acte pour le bien commun* ».

De ces conseils, nous comprenons aujourd'hui que Malanda agissait dans le souci non seulement d'encourager les enfants de la communauté, mais aussi de jouer un rôle important dans la préparation du futur de la communauté. Il savait qu'il n'avait plus beaucoup d'années sur terre et qu'il devrait mettre ce peu de temps qui lui restait au service de la communauté. Ainsi pour nous, il avait donc investi sa contribution à notre éducation.

2. Mamvis « Mambou-Me-Ilongo » et le développement par l'agriculture

L'Afrique est toujours victime de plusieurs crises économiques depuis les indépendances. Cette crise entraine chaque année des milliers des pertes d'emplois. Les jeunes, couche de la population la plus vulnérable, se retrouvent de plus en plus au chômage. N'ayant rien à faire et par manque de loisir, les jeunes se plongent dans l'oisiveté et deviennent une véritable bombe. Cette jeunesse oisive sans repère est à l'origine de beaucoup d'actes de banditisme dans plusieurs villes africaines. Ces jeunes sont souvent utilisés comme marionnettes pour des intérêts égoïstes de certains politiciens. Quelle est la solution miracle à ces différents problèmes ?

Nous avons participé à plusieurs séminaires et conférences pour trouver des solutions aux différents problèmes provoqués par la crise. Des différentes interventions des experts en la matière nous ont toutefois fait penser à un homme de notre village, le feu Ngouayi Jean Pierre, plus connu dans la communauté par Mamvis, qui est le diminutif du terme de l'ethnie Ndassa « Mamvu Mèilongo », les problèmes de la vie, en français. Il a lui-même choisi ce surnom à cause des problèmes qu'il a dû endurer dans sa vie. Lui à son tour appelait tout le monde « Moninga », qui signifie mon ami en Lingala, l'une des langues nationales du pays. Originaire du village Lewala, dans le district de Bambama, Mamvis était née en 1930 dans ce même village. Il a grandi avec ses parents dans différentes forêts de la zone avant de se rendre à Pointe-Noire comme la majorité des jeunes de son époque. En ville, il va s'intéresser à l'agriculture, chose qu'il voyait faire par ses parents paysans. « C'était facile pour moi de travailler dans un champ puisque j'en avais déjà l'habitude » disait-il. Son amour pour le travail de la terre le propulsera dans Agri Congo, une entreprise étatique spécialisée dans l'agriculture en République du Congo. Il n'a pas eu le temps de bien asseoir ces connaissances dans ce domaine. Car, il fut agressé une nuit par un groupe de jeunes bandits dans un quartier de Pointe-Noire. Ces derniers pensants qu'il détenait de l'argent sur lui, l'avait rossé au point de l'abandonner, alors qu'il le prenait pour mort. C'est seulement le matin que les passants vont remarquer un corps supposé sans vie au coin de la rue. Transporté d'urgence à l'hôpital par des inconnus de bonne volonté, le médecin traitant réussit de le soigner. Sauf qu'il va subir de sérieux traumatismes auditifs, problèmes qui vont occasionner la perte de son emploi. Mamvis décide ainsi de rentrer dans son village Lewala.

De retour au village, les jeunes qui ne l'ont, pour la plupart, jamais connu, vont beaucoup plus se pencher sur ce handicap acoustique jusqu'à lui coller une étiquette de demeuré mental. Il est l'objet de plusieurs moqueries. Les plus méchants arrivaient même à bouger les lèvres faisant semblant de parler pour le mettre en difficulté. Parfois, il est obligé d'imaginer qu'il s'agit d'un bonjour et se mettait à rependre. Ce qui selon les jeunes, confirmait son état de demeuré. Les rares personnes qui se sont rapprochées de Mamvis pour discuter des problèmes qui minent la communauté ont souvent été surprises de ses réflexions.

Par exemple, concernant le problème lié à l'insuffisance alimentaire dans la communauté, il pensait que l'homme devrait donner le meilleur de lui-même pour éviter la disette et apporter le surplus à la communauté afin de l'emmener vers une société organisée. Pour Sayi Constant, l'une des rares personnes à l'écouter occasionnellement, Mamvis pensait que l'économie était l'action de multiplier la richesse. « *Lorsqu'un homme cache une semence ou de l'argent sans pouvoir le multiplier, il ne créé pas de richesse, mais court le risque de faire faillite* » confia-t-il un jour. Il disait aussi que les femmes qui conservent leur argent attaché au bout d'un pagne ou autour de la taille dans un tissu, ne contribuent pas aussi à l'économie de la communauté.« *Il nous faut mettre, ensemble, les ressources et trouver les moyens de les multiplier au profit de la communauté en se basant sur l'exploitation de la terre* ». C'est ainsi qu'il exhortait les rares personnes qui acceptaient discuter honnêtement avec lui. Il voulait transmettre son amour pour l'agriculture aux générations futures. « La terre est la seule chose qui rembourse plus que ce qu'on lui a donné ». « Un grain de maïs après germination, te donnera un ou deux épis avec des centaines de graines, soit un intérêt de mille pour cent » « La terre ne ment pas ». Ce sont là, les trois citations demeurées célèbres et inchangées dans la mémoire collective, comme l'héritage indélébile de ce philosophe incompris de son époque. Fréquemment, dans les causeries au hangar, les jeunes répètent sa triple sagesse sans pour autant comprendre le sens, ou mieux l'importance de celle-ci. Ces citations sont même plus utilisées comme sujets de moquerie, au lieu d'être excipées en tant qu'un appel à la raison ou une motivation à entreprendre une activité agricole.

Ce texte rédigé en hommage à Mamvis veut diffuser sa théorie favorite sur la prévention de tout risque à la jeunesse d'Afrique et du monde. Par rapport à son état, Mamvis ne pouvait pas aller dans les profondeurs de la forêt pour faire ses champs. Il se débrouillait à cultiver dans les espaces en jachère derrière les maisons. Ces cultures des tarots et de manioc étaient considérées comme lieux communs par les jeunes paresseux du village. Tout le monde pouvait voler au vu et au su de tous. Si bien que dans les hangars, la majorité de jeunes se vantaient sans malaise d'avoir volé au moins un jour, quelques tarots dans les champs de Mamvis. Cela ne dérangeait bizarrement aucune conscience parmi les jeunes.

Ce qui était surprenant est qu'en aucun moment Mamvis ne s'est pleins du vol dans ses champs. Même lorsque les enfants venaient lui donner l'information, il répondait toujours par « *ce n'est pas grave* ». A plusieurs reprises, certaines femmes se sont mobilisées en masse pour condamner les vols dans les champs de Mamvis. A chaque fois, ce dernier leur demandait de laisser tomber.

Pour jouer sur ses émotions, les femmes lui posaient malicieusement la question de savoir pourquoi ne se plaignait-il pas suite aux vols commis dans ses champs. Serein, dépassionné et détaché, il adoptait une pause, puis innocent, il répondait avec une sagesse déconcertante qui mérite aujourd'hui d'être partagée. Cette sagesse, il l'appelait : la théorie sur la prévention de tous risques : « *Lors des activités champêtres, il faut cultiver aussi 25% de culture destinée aux animaux, aux voleurs et aux intempéries. Ces 25% permettent de réduire les plaintes et agitations dans la société, ainsi que le découragement des acteurs, pour avoir en fin, une communauté unie et sans problème* ».

Tandis que le temps passait, notre idole, fragilisée par les mauvaises conditions de la guerre civile qu'a connue le Congo de 1997 à 1999, Mamvis va laisser la terre des hommes un soir, de l'année 2000 dans le village qui l'a vu naître.

Paix à ton âme Mamvis.

3. Mouyok

Lorsque ce nom est évoqué dans la communauté, la majorité de personnes se souviennent de l'homme comme l'ivrogne le plus célèbre de la zone. Une étiquette voulue par lui-même car disait-il : « *je suis fatigué des problèmes du village. Je souhaite être ignoré par les gens et me concentrer sur ce que je peux faire* ». Comme le philosophe Diogène le chien (413-327 avant J.C) qui méprisait toute forme de richesse et les conventions sociales qui étaient, selon lui, une entrave à sa liberté, alors il préférait passer son temps dans un tonneau. Mouyok, quant à lui, préférait passer son temps dans un état d'ivresse permanente. Nombreux seront pourtant étonnés dans la communauté, d'apprendre que Mouyok simulait parfois son état d'ivresse. En tout cas, plusieurs faits confirmeront cette information au fil du temps et après avoir mieux compris l'homme.

Le district de Bambama est très souvent exposé aux différents problèmes d'insécurité alimentaire. Depuis plusieurs années, la communauté possède le taux le plus élevé des cas de malnutrition infantile de la région. Face à ces faits imputables dans la majorité des cas, à la pauvreté, au non suivi des femmes en grossesse, aucune politique gouvernementale sur la question n'a touché cette communauté depuis des années. Mouyok avait une phrase qu'il aimait prononcer même dans son état d'ivresse : « Une seule personne peut être une partie de la solution des problèmes communautaires ». Comme on dit que rien n'est insurmontable, c'est donc consciemment que Mouyok va se lancer dans un projet qui serait qualifié de révolutionnaire si la pêche industrielle n'avait pas encore existé. A cet effet, Mouyok avait la capacité surnaturelle de plonger dans l'eau sans masque respiratoire, d'y passer plusieurs minutes. Il pouvait passer trente minutes sous l'eau profonde et sortir de là comme si de rien n'était. D'aucuns extrapolaient même qu'il était apte à sucer une canne à sucre d'un mètre sous l'eau. Il décida alors de mettre cette capacité au service de la communauté pour lutter contre la malnutrition infantile. C'est alors qu'avec une équipe de deux personnes, ils décidèrent d'ériger un barrage au cœur du cours d'eau, appelé dans l'ethnie Ndassa « Ilambi».

Le « Ilambi » est un système traditionnel de pêche innové par Mouyok, tel un architecte. Il consistait à placer une barrière solide avec les bois croisés, en forme de grillage placé en amont, sur toute la largeur de la rivière. Ensuite, on renforce le grillage par les feuillages afin d'empêcher l'écoulement normal de l'eau vers le bas. Ce système va faire stagner l'eau de la rivière, devant le barrage. C'est pour ça, qu'on prévoit de faire une ouverture au milieu du barrage. Cette ouverture est faite en aval, comme système ingénieux en forme d'une longue natte étalée au niveau de la surface de l'eau coulante, ce qui rend possible le passage des poissons migrants. Cette natte peut mesurer un à deux mètres, selon la largeur du lit de la rivière ou du fleuve. Ainsi, l'eau stagnante écumeuse, cherchant une issue de sortie, est propulsée avec violence sur la natte faite avec des rotins. Alors, par la pression de l'eau, tous les poissons se trouvant en amont, à proximité du barrage sont violemment propulsés sur la natte, pour s'échouer directement dans la gueule largement ouverte de la nasse centrale située en aval du barrage. Là-dedans, même un fretin n'a aucune chance de remonter, bloqué au fond de la nasse. Le matin, les pêcheurs retirent toutes les nasses qu'ils vident sur la berge. Les plus gros poissons sont pris alors que les plus petits remis dans la rivière en aval, derrière le barrage. Les poissons récoltés sont ensuite entassés dans les hottes en rotins, puis transportés à dos, au village où on les vend à toute la communauté, à des prix très abordables, pour permettre à toutes les couches sociales d'avoir leurs parts de la récolte.

« *Mon but n'est pas de devenir riche mais de permettre à toutes les familles de la communauté d'avoir accès aux poissons d'eau douce très riches en protéines.* » Souligne-t-il pour expliquer les objectifs des activités qu'il menait pendant plusieurs années.

183

Nous avons comparé Mouyok au philosophe Diogène le chien. Cette comparaison se justifie par le fait que Mouyok avait des principes nobles à l'instar de la vie du philosophe. Pendant qu'il était en forêt, il avait volontairement adopté cette règle : ne pas toucher à une goutte d'alcool. Il pouvait passer deux à trois mois dans la forêt sans toucher à l'alcool. Cependant, lorsqu'il arrivait au village, il se transformait en véritable alcoolique. Chanson à la bouche, exécution d'un défilé militaire, vêtu des vêtements malpropres, émettant les cris à longueur de journée avec une démarche éméchée par l'effet de l'alcool, Mouyok passait ainsi toutes ses journées au village. Personne ne le prenait au sérieux dans la communauté alors qu'il jouait un rôle capital dans la lutte contre la malnutrition infantile dans la zone. Les commerçants de détails qui partaient s'approvisionner en poissons chez Mouyok en forêt ne pouvaient pas reconnaître l'homme sur le terrain. « *Il était tellement différent de l'ivrogne que nous avons toujours connu dans la communauté. J'ai essayé de discuter des sujets de société avec lui, et j'ai été étonné de constater qu'il pouvait argumenter un sujet avec une sagesse que nul ne peut imaginer au village* » rapporte Bernadette Nzambi une habitante de la communauté.

Comment pouvait-il se passer de l'alcool en se réveillant brutalement un matin alors qu'il était connu pour sa dépendance prononcée sur les liqueurs et le vin de palme ? Était-il réellement alcoolique ou faisait-il exprès ? Ces questions seront difficiles à répondre aujourd'hui puisque Mouyok a quitté le monde des hommes, il y a quelques années, emportant avec lui dans sa tombe, tous les secrets, qui pouvaient continuer à donner un plus à la communauté.

La vie de cet homme nous enseigne cependant une bonne leçon de leadership participatif. Chacun, où qu'il soit, quoi qu'il fasse, peut apporter quelque chose de positive à sa communauté.

4. Ombi Ferdinand, allias Sombo et ce qu'il ne faut pas faire.

L'Afrique est certes en difficulté à cause des différents problèmes comme le non-accès à une bonne éducation, absence des services de santé adéquats, l'insécurité, la mauvaise gouvernance, les taux élevés de chômage, la liste n'est pas exhaustive. En dehors de ces problèmes cités ci-dessus, nous ne devons pas avoir honte d'avouer le côté paresseux de certaines personnes et même certains leaders qualifiés parfois de « charismatiques ». Le philosophe Paul Lafargue (1842-1911) disait dans *le droit à la paresse* que la paresse était un droit et que « *le travail devrait être un condiment de plaisir à la paresse* ». En ce sens, il ne devrait nous occuper que trois heures par jour. Le reste du temps, nous pourrions le consacrer « à fainéanter et bombancer le reste de la journée et de la nuit ». Comme dans toutes les communautés africaines, nous trouverons bel et bien des adeptes de cette théorie.

Dans la communauté de Bambama, se trouvait, celui que nous pouvons appeler l'adepte de Paul Lafargue. Cet homme, c'était Ombi Ferdinand. Avec une taille de basketteur de la NBA, une lisse calvitie au milieu de la tête, du front à la nuque, avec les cheveux de part et d'autre, bâton à la main et une démarche nonchalante, était un fervent prêcheur du « *un pour tous et tous pour un* ». Seulement, il ne faisait absolument rien pour être utile à la communauté. Pour lui, tout appartenait à tous sans coordination et sans critique. « Le bonheur réside sur ce qui te convient d'être et de faire » disait-il.

Il faisait absolument tout ce dont il avait envie. Il ne craignait personne, même pas le tribunal communautaire, et n'avait des égards pour ce qui appartenait à autrui. Friand de la banane et des tubercules de manioc, Ombi n'avait pas de champ. Trois fois par semaine, on le voyait revenir du bout du village avec de la banane ou des tubercules. Tout le monde se demandait s'il en achetait. La répétition du geste et les enquêtes de la population ont permis à la communauté de conclure qu'il volait dans les champs environnants.

185

Chaque fois que la question lui était posée par les enfants curieux, il rependait : « *Je ne suis pas voleur les enfants. Je vais souvent prendre dans la forêt* ». Les enfants se questionnaient ainsi, comment est-il possible de trouver de la banane et les tubercules de manioc dans une forêt vierge ? Comme disait quelqu'un : « *Neuf jours pour le voleur et un jour pour le propriétaire* », Véronique, la femme d'un ancien combattant qui a fait guère d'Indochine, surprend Ombi dans son champ entrain de « prendre » les tubercules de manioc. Véronique le surprend au moment où il est en train de creuser. Avec sa machette et aidé par le tronc d'un arbre à côté, Véronique fit un bruit assourdissant, frappant le côté plat de la machette sur le tronc et proférant menaces et insultes envers Ombi. Ce dernier fit comme si de rien n'était. On pouvait croire qu'il était sourd, parce qu'il ne prit même pas la peine de se retourner ou mieux de regarder la propriétaire du champ. Il continuait à creuser jusqu'à avoir la quantité qu'il voulait. Il sortit une corde de son ponta court noir et attacha ses tubercules en un paquet avant de les mettre sur la tête et rentrer tranquillement au village.

Lorsqu'il se retourne avec son paquet sur la tête, Ombi n'est pas surpris de voir Véronique. Au contraire, il le salut en utilisant un terme de l'ethnie Ndassa dont le mot à mot signifie :« *Êtes-vous aussi arrivé ici ?* ». La colère de Véronique atteint son sommet :

Voleur ! Paresseux ! Brigand !

Véronique enchaine les insultes pendant qu'Ombi, toujours indifférent, continue sa route en sifflotant avec plaisir. La femme, décidée à attirer l'attention de tous les esprits de la forêt et du village, suit Ombi derrière et multipliant des insultes.

Étonné et apeuré par les vociférations de Véronique à ses trousses, les habitants du village crurent qu'elle était attaquée par les brigands dans la forêt. Plus le bruit se rapprochait, plus on pouvait voir Ombi marcher avec un paquet de tubercules sur la tête, et derrières ses talons une femme agitée comme une folle faisant des grimaces protestataires. La scène s'est poursuivie tout le long du village jusque devant la case d'Ombi.

Fatiguée et épuisée d'avoir crié pendant plusieurs minutes, Véronique se rendit auprès du chef de village pour manifester son mécontentement. Lorsque Hervé, le petit-fils d'Ombi lui pose la question de savoir ce qui se passe, la conversation entre les deux surprend l'auditoire :

Hervé : Qu'est-ce qui se passe grand-père ?

Ombi : Quoi, il se passe quelque chose ? fit-il en grimaçant.

Hervé : Tu veux dire que tu n'as pas de problème avec maman Véronique ?

Ombi : T'a-t-elle dit qu'elle avait un problème avec moi ?

L'indifférence d'Ombi dépassait vraiment les limites. Cependant, au lieu de se plaindre, heureux, les jeunes trouvaient en ce vieux, un personnage inspirant, un modèle. Tout ce qui le concernait alimentait les discussions entre jeunes filles à la rivière, entre jeunes du village dans les hangars et même entre les vieilles mères sur la route des champs.

La nouvelle de la plainte fit la une dans le village. C'était l'un des procès les plus attendus du village. Le géant Ombi va enfin être entendu par la justice du village. Les persifleurs du village s'attendaient à un procès traditionnel très rigolo.

Dans le village, quand il y a une ou deux affaires présentées au chef du village, les procès se tiennent les jeudis, parce que, c'est un jour réservé aux esprits de la forêt. En ce jour sacré, personne n'a le droit d'aller en forêt, au risque de rencontrer « *MwekukuMwe Jeudi* », un esprit ramassé, petit et trapu, spécialisé dans l'art d'effrayer ceux qui s'hasardent à aller en forêt le jeudi.

Ce jeudi très attendu arriva enfin. Les femmes portèrent leurs plus belles robes, les hommes leurs plus beaux costumes et boubous. Tous se rendirent à la maison du chef de village. En passant, on pouvait voir Ombi imperturbable, assis dans un fauteuil fait avec la peau d'une antilope cheval, devant la porte de sa case. Toujours indifférent, il mangeait copieusement des noix de palme cuites et frottait l'huile sur ses longues jambes. Tout le monde était réuni chez le chef de village. Les chefs des blocs, les sages, les patriarches, les notables du village tous étaient présents. Personne ne tenait à manquer cet événement compliqué. La plaignante avec son mari, un ancien combattant médaillé d'Indochine, furent les premiers venus. Mais Ombi n'était toujours pas présent.

Boris, le jeune le plus habile du village fut aussitôt délégué pour aller chercher Ombi. Vite, Boris se précipite chez Ombi.

Boris : Bonjour papa,

Ombi : Bonjour mon fils, répondit-il sans le fixer, le regard ailleurs, comme s'il n'était pas concerné.

Boris : Papa, le chef de village me charge de venir te chercher par ce que tout le monde est déjà là.

Ombi : Ho ! Le chef veut me voir, ok, allons-y mon fils.

Les deux arrivent dans la cour de la parcelle du chef de village où tout le village était rassemblé.

Ombi : Je te salue chef de village et vous autres assesseurs du chef ! Le fils m'a dit que tu voulais me voir.

Chef de village : Oui, Ombi. Prends place s'il te plait, dit le chef en bon diplomate.

Le chef de village, en bon orateur comme quelqu'un qui a le totem d'un rossignol, prit la parole. Tout le monde se tut. Il évoqua

188

l'historique du village tout en rappelant les valeurs et principes de la communauté. Il explique le fait sacré que tout le village est constitué par une union des familles qui forment finalement un tout. Ensuite, il donna la parole à la plaignante, lui demandant d'expliquer l'objet de sa plainte verbale devant l'assemblée.

Sur un temps très colérique, apostrophant Ombi, Véronique expliqua tout ce qui s'est passé dans la forêt. Pendant tout ce temps, Ombi avait l'esprit ailleurs. On pouvait voir qu'il ne comprenait ni n'écoutait ce qui se disait.

À la fin de la déposition de Véronique, le chef de village donna la parole à Ombi.

Avec un air étonné, Ombi posa la question :

• Voulez-vous que moi aussi je parle ?

Toute l'assemblée repris en cœur : « OUI ! »

• « Mais de quoi ? » demanda à nouveau Ombi avec un air sérieux et étonné.

Toute l'assemblée éclata de rire, provoquant ainsi un remue-ménage dans l'assistance.

Le chef de village se leva, calmant la foule avant d'expliquer d'une manière claire à Ombi :

• *Monsieur Ombi, si nous sommes réunis ici aujourd'hui, c'est parce que Véronique t'accuse d'avoir volé les tubercules de manioc dans son champ. Elle dit t'avoir surpris en flagrant délit. Qu'est-ce que tu en dis ? Reconnais-tu les faits qui te sont reprochés ?*

Ombi se leva nonchalant avec sa canne, sur un air sérieux et fâché, dit :

• C'est pour ça que vous m'avez appelé ici ?

- Oui, répond le chef de village toujours patient.

Après avoir respiré un coup, Ombi regarde Véronique un moment et se retourne vers les sages du village :

« *Je vois que vous êtes tous des sorciers dans ce village, dit-il. Pourtant, la mosaïque africaine, la bactériose et diverses pourritures des racines détruisent vos récoltes dans les champs. Les porcs-épics, les hérissons et d'autres réputés rongeurs détruisent vos récoltes. Et même les oiseaux du ciel, les fourmis de la terre, Dieu pense à eux ! Je n'ai jamais vu quelqu'un se plaindre, ni intenter un procès dans le village contre ces êtres. Vous avez quand-même le courage, sinon le toupet d'organiser un procès lorsqu'un humain affamé, qui respire, se sert de quelques tubercules de manioc comme nourriture, afin de ne pas mourir de faim. Et dire que l'emmenez devant le chef et les sages du village ! Vous êtes tous ridicules dans ce village. Je ne peux continuer à perdre du temps d'écouter vos bêtises. Chef, pardonnez-moi ; je m'en vais, si vous voulez, prenez un fusil et tuez- moi.* »

Sur ces mots, Ombi tourna son dos et quitta le procès sous les éclats de rire des jeunes, et la colère de certains vieux. Les sages par leur attitude semblaient avoir compris Ombi, mais pas d'accord avec lui. Ils étaient la mémoire du village, dont les principes d'éducation recommandaient la patience, la tolérance et la fermeté.

Ombi était donc unique en son genre dans le village. Pour lui, le verbe voler n'existait pas. Il utilisait toujours « prendre » à la place de « voler ». Pour lui, tout ce qui était dans la communauté appartenait à tout le monde. « *Lorsque vous plantez un arbre fruitier, il n'appartient plus exclusivement à vous, mais à toute la communauté* ».

Ombi était comme « le chat qui, friand du poisson, mais déteste la nage ». Il mangeait beaucoup, mais refusait de planter ou de travailler.

L'histoire de la vie d'Ombi continue à alimenter les conversations dans la communauté même après sa mort. Plusieurs exemples de ses actions sont utilisés pour illustrer certains sujets politiques dans la communauté. Il est souvent comparé à ces hommes politiques qui aiment détourner les deniers publics, mais ne font rien pour multiplier la richesse afin de léguer un héritage aux générations futures.

5. Joseph Maïssa et l'association de l'entrepreneuriat et du leadership servant

Du haut de ses deux mètres, le vieux Joseph, comme l'appelaient les jeunes de la communauté, était d'un gabarit imposant et d'une force physique extraordinaire. Au port autonome de Pointe-Noire où il a mis cette force au service de la nation, le vieux Joseph servait comme porteur. « *Il soulevait des charges énormes sans trop d'efforts. Ce qui faisait que tout le monde avait peur de lui sur son lieu de travail. Il suffisait de mentionner sa proximité avec Joseph pour voir tes agresseurs te laisser tranquille dans le quartier* », rapporte l'un de ses proches amis du port.

De retour au village après la retraite, le vieux Joseph va développer une multitude des pièges pour animaux. Les conservateurs fauniques peuvent trouver cela anormal, mais nous savons tous qu'à cause de la pauvreté et d'autres questions relatives à l'insuffisance alimentaire en Afrique, des nombreuses personnes se nourrissent encore de la viande de brousse. Le vieux Joseph va donc mettre en place, dans la grande forêt équatoriale autour du village, plusieurs systèmes de pièges pour animaux :

- **NGUINGUA**

C'est un système de piège qui consiste à ériger une barrière en bois sur une longue distance, pour empêcher les animaux d'avoir accès à l'autre côté de la forêt. La barrière une fois érigée, le vieux Joseph crée des espaces où les animaux peuvent passer. Il laisse quelques semaines pour que les animaux découvrent la barrière et les accès laissés exprès par le vieux Joseph. Deux semaines après, le vieux Joseph vient installer les pièges sur les accès disponibles. Il coupe les gros morceaux de bois qu'il place en hauteur avec un système de d'amorçage en bas. Lorsqu'un animal veut franchir l'accès, le déclencheur libère la charge des bois qui tombe sur l'animal. Les charges étaient tellement énormes qu'il était le seul dans le village à pouvoir les soulever.

- **NGAMBI**

C'est un système de pièges qui sert à capturer les écureuils et les reptiles. Avec sa machette, il ouvre une sorte de boulevard dans la forêt pour obliger aux écureuils et reptile de descendre sur terre afin de traverser de l'autre côté du boulevard. Ensuite, trois jours après, il vient placer plusieurs ponts que les mammifères utiliseront obligatoirement pour passer de l'autre côté du boulevard. Enfin, sur chaque pont le vieux Joseph installe les pièges. Pour mettre en place ces différents systèmes, le vieux Joseph passait des journées entières dans la forêt. Aucun jeune ne trouvait l'importance de venir l'aider dans son entreprise. Certains vieux du village mal intentionnés, partaient même visiter ses chantiers, motivés par un sentiment de jalousie, pour trouver des éléments pouvant amplifier leurs sujets de moquerie, pendant son absence au hangar du village. Le Hangar du vieux Zambi était le lieu par excellence des grands rendez-vous. Après une dure journée de travail, tout le monde s'y retrouvait pour raconter les récits relatifs au travail de la journée ; pour se donner des nouvelles du jour, pour rire et se détendre.

« Ce monsieur doit être devenu fou. Il est en train d'ériger les barrières et ouvrir des vastes routes dans la forêt » dit Moussembé, le plus paresseux des vieux du village, comme pour lancer une conversation avec les autres assis dans le hangar. *« Oui, il m'a dit qu'il envisageait nourrir tout le village avec ces projets »* rétorqua le vieux Bipindzi, et tout le monde se mit à rire aux éclats. *« Sachant pourtant qu'il était d'usage de procéder ainsi, s'il veut nourrir les gens, qu'il utilise cette force pour travailler les champs de toutes les femmes du village au lieu d'ouvrir les routes dans la forêt qui risquent de faire fuir les animaux. »* conclut avec un air de moqueur Lalou, le plus grand batteur de tam-tam que la communauté n'a jamais connu.

Pendant plusieurs journées, le vieux Joseph est l'objet de toutes les moqueries du village. Les jeunes, pensant que les autres vieux avaient raison, se mirent eux aussi à se moquer du vieux Joseph en cachette car personne n'osait le contrarier par peur de son gabarit imposant et sa force hors normes. Ces différents chantiers n'étaient même pas encore achevés que petit à petit plusieurs foyers du village commençaient déjà à manger de la viande grâce au vieux Joseph. Il avait tellement mis les pièges dans la forêt, que lui-même ne pouvait faire la ronde, en une journée pour visiter et ramasser les gibiers. C'est ainsi que par sa voix base depuis son hangar sur la colline la plus haute du village, il passa l'information à tout le village : « *Peuple de Molokai, écoutez-moi.* *À mon arrivée dans le village, j'ai eu du mal à me nourrir parce que le village n'a même pas une boutique où l'on peut acheter quelque chose. D'ailleurs, nous ne pouvons même pas acheter puisque nous n'avons pas l'argent. C'est pour cela, soucieux que tout le monde puisse manger à sa faim, j'ai installé les pièges un peu partout dans la forêt pour nous permettre de manger à notre faim. A compté de demain, que celui qui trouve une bête accrochée dans un piège l'emmène chez lui, mais qu'il vienne également me signaler en me précisant l'endroit pour que je parte réactiver le piège* ».

C'est ainsi que pendant plusieurs années, la population de Molokai avait accès facilement à la viande de brousse. Certaines personnes ne venaient même plus signaler après avoir pris une bête dans l'un de ses pièges. Malgré cette ingratitude, le vieux Joseph a joué son rôle de pourvoyeur de viande dans tout le village.

Étant donné qu'il aimait travailler, juste après ces différents chantiers, le vieux Joseph était pratiquement la seule personne du village qui prenait du temps pour les problèmes d'insalubrité. Il prenait soin des arbres fruitiers, éclairait la route de la rivière, emmenait du bois de chauffe aux personnes de troisième âge. À lui seul, il était devenu une organisation à but non lucratif au service du village.

La route qui mène vers Molokaï est rarement entretenue par l'État depuis les années. Il y a des moments où des *Aframomum chrysanthum* foliage des deux côtés de la route se croisent rendant la visibilité impossible à quinze mètres dans la journée. Le vieux Joseph en sa qualité de véritable leader servant avait beaucoup de temps à débroussailler les bords de la route avec sa machette, jusqu'au village voisin.

Comme pour chacune de ses activités, les jeunes et vieux du village se moquaient toujours de lui en cachette. « *Regardez-moi un idiot qui fait le travail de l'État sans recevoir quelque chose en retour !* » s'exclama un habitant du village voisin qui passait son chemin alors que le vieux Joseph travaillait en sifflotant, signe de bonne humeur. Lorsque Bikabantu, le jeune le plus curieux du village lui demande pourquoi il le fait, le vieux Joseph, digne, décline sa philosophie : « *Tu sais mon fils, l'État ne vit pas dans notre village. Notre État habite en ville. Voilà pourquoi il y a le goudron là-bas. Nous vivons ici, c'est donc à nous de prendre en charge notre sécurité. En attendant que l'État n'arrive, nous devons assurer nous-mêmes notre sécurité. Je le fais parce que je sais qu'il est de la responsabilité de chacun d'assurer la sécurité de ses enfants. Même si les autres ne le font pas, cela ne peut pas me décourager à le faire parce que je sais que c'est important pour toute la communauté* ».

Le vieux Joseph avait un défaut. Il détestait lorsqu'un membre de la famille lui disait « merci » après un service rendu ou après l'avoir donné quelque chose. « *Merci c'est pour les gens que tu ne connais pas. Je suis ton grand-père et c'est dans mes droits de te nourrir, t'éduquer, t'aider, bref, prendre soin de toi. Désormais, si tu me dis merci, je retire ma viande, tu as compris ?* ». Quel brave homme ! Un vrai Ibaka (l'homme en ethnie Ndassa).

Le vieux Joseph savait donc que les parents avaient le devoir de prendre soin de leurs enfants. Le parent qui ne le faisait pas manquait donc d'éthique. Comme la plupart des leaders incompris, le vieux Joseph quittera ce monde en exil au Gabon en 2000, suite à un accident d'abattage du champ de l'une de ses sœurs. Comme un vrai soldat, le vieux Joseph quitte le monde des hommes, arme à la main en train d'aider sa communauté.

6. La famille Ngati et les ramifications culturelles de la pauvreté

Plusieurs familles africaines ont souvent du mal à sortir de la pauvreté malgré les efforts fournis. Il est souvent dit qu'en Afrique noire, lorsqu'un membre de la famille émerge, les autres, dans sa propre famille, multiplient les stratégies pour le ramener vers le bas, au lieu de l'aider à grandir. Chaque fois que certains ont essayé de travailler pour sortir les autres membres de la famille de la pauvreté, certaines ramifications se mettent en place pour maintenir les membres dans leur état initial.

L'histoire de la famille Ngati au village Ombele est une parfaite illustration de cette théorie. Tout commence juste après les indépendances des pays de l'Afrique centrale en 1960. L'Afrique équatoriale française est mise aux oubliettes. Tous les gabonais, tchadiens et d'autres nationalités qui travaillaient au Congo décident de regagner leurs pays. Se faisant, les hommes décident de rentrer avec les femmes congolaises qu'ils ont épousées et avec lesquelles ils ont fait des enfants.

Binga, est l'une des femmes congolaises, issue de la famille Ngati qui va quitter sa terre natale pour Benguela en Angola, avec son mari, ex-agent du port autonome de Pointe Noire. Binga n'avait pas eu d'enfants avec Weza son mari. Elle décide quatre ans après, de rentrer au pays, adopter un enfant de sa famille.

Dans la culture ancestrale de l'ethnie Ndassa, lorsqu'une femme allait en mariage et n'arrivait pas à concevoir, elle avait le droit de rentrer dans son village, prendre l'une des filles de ses frères pour donner à son mari, afin que celui-ci fasse des enfants avec elle. Ainsi, toute la richesse, s'il y en a, reste au sein de la même famille. À la grande surprise de tout le village, Binga, au lieu de prendre l'une des filles de ses nombreux frères, va prendre le fils ainé de son frère Ngati, polygame de quatre femmes et plusieurs enfants.

Albert Ngati, le plus jeune footballeur du village est alors emmené à Benguela à l'âge de quinze ans. Habile et intelligent, le jeune Albert qui a pris la nationalité angolaise est envoyé à l'école où, rapidement, il apprend le portugais et s'intègre facilement dans la société. Son amour pour les calculs lui permet, quelques années après, d'obtenir une bourse pour l'université d'Alberta au Canada.

Albert va étudier les métiers du pétrole pendant plusieurs années. Il obtient son diplôme d'ingénieur en pétrochimie, et sort major de sa promotion. Il commence une carrière dans Imperial Ltée, une entreprise pétrolière canadienne constituée en 1880. Avec les différents problèmes que connait l'Angola, le président angolais Agostinho Neto décide de placer quelques cadres du pays dans des entreprises du secteur pour avoir un œil dans l'exploitation de l'or noir. Albert, qui était devenu Alberto après sa naturalisation était le premier cadre angolais à avoir de l'expérience dans ce domaine. C'est ainsi qu'il est rappelé au pays pour jouer le rôle du conseiller aux hydrocarbures auprès du président de la république. Aucune entreprise ne pouvait parler du pétrole au président sans la présence d'Albert. Aucun contrat sur le pétrole ne pouvait être signé sans l'avis d'Albert. Avec le temps, Albert est devenu milliardaire en dollars. Il était le tout premier milliardaire originaire d'Ombele. Tout le monde dans son village natal ne jurait que par son nom, même si ce dernier n'avait plus jamais mis les pieds dans son village natal et n'a plus jamais revu son père.

Conscient de ses origines et connaissant le niveau de pauvreté de sa famille, Albert décide de s'impliquer pour sortir la famille de la pauvreté. Il construit une grande villa à Louanda et décide de rassembler ses frères issus des différents mariages de son père. Tous les jeunes en âge d'aller à l'école étaient logés dans cette villa avec tous les services disponibles. En une journée, ses frères sont passés de la vie rurale, à la vie citadine de bourgeoisie nourris, véhiculés, et logés dans une villa construite par les plus grands architectes chinois.

Albert a été formé dans une grande école canadienne en pétrochimie. Malheureusement, il n'a pas été formé en leadership africain. Pour commencer son combat qui consistait à sortir toute la famille de la pauvreté, Albert va mettre Arnault, son frère germain dans l'armée. Rapidement, celui-ci grimpe les échelons et commence à abuser de la confiance du grand frère. Il va commencer à vendre les biens du grand frère pour faire la fête avec ces nouveaux amis et amies angolais. « Ce sont les biens de mon grand frère. Lui et moi avons le même père et la même mère » répond-il souvent à ces demi-frères qui essaient de le ramener sur le bon chemin. Petit à petit, les rivalités commencent à s'installer dans la villa familiale. Deux groupes se forment progressivement. D'un côté les frères et sœurs germains d'Albert et de l'autre, les frères consanguins. Albert souvent occupé dans ses réunions à la présidence n'arrive pas à comprendre ce qui se passe dans la villa familiale. Personne n'ose l'informer.

André, l'un des frères consanguins, profitant du désaccord entre Albert et Arnault décide de bien se comporter afin de gagner la confiance de l'ainé. Après quelques mois, Albert remarqua le bon comportement d'André et va décider de lui confier la majorité de ses missions. Il devient le gérant principal des affaires d'Albert. André devient la première personne à obtenir un permis de conduire dans le groupe. De temps en temps, il est envoyé effectuer les courses dans la BMW d'Albert. Ce qui amplifie les rivalités même au sein des frères consanguins. Albert ne jurait désormais que sur le nom d'André. « *Parmi vous tous, il n'y a que André qui est plus sérieux et honnête. Vous êtes tous des malhonnêtes* ». Albert utilise cette phrase tout le temps en face de ses frères, ne sachant pas que cela allait être à l'origine d'un drame.

Jaloux de son demi-frère et fâché du fait d'avoir perdu l'accès aux biens de son frère ainé, Arnault va commettre l'impensable. Avec ses amis, ils vont inviter André à une excursion dans la forêt de Kunene, une province du Sud-ouest de l'Angola. Avec une roche, Arnault va perforer le crâne de son demi-frère. Revenu à la maison il simula une chute tragique.

La mort d'André est annoncée par Arnault à la famille sans remord et comme une blague. Tout le monde est choqué. Le père d'Albert resté au village décide de maudire et renier le fils aîné. La mère d'André, qui était la femme préférée du vieux Ngati décide de le quitter.

Albert qui voulait aider la famille à sortir de la pauvreté se retrouve avec une famille divisée. Il décide de ne plus s'occuper de la villa familiale. Il licencie les hommes et femmes de ménage et demande aux frères de voler de leurs propres ailes. Albert réalise qu'il donnait de l'argent aux frères au lieu de les éduquer à connaitre à pêcher le poisson eux-mêmes. Il n'a pas pu situer ses frères et sœurs ; il est désormais renié par son père, qui trouvera la mort quelques mois après. Il avait trop regretté la mort de l'un des fils et la trahison suscitée de son départ impromptu de sa femme préférée, la plus jeune en plus. Albert à son tour fait une dépression et plonge dans l'alcool. Pris de colère, il dilapide ses comptes en banque, multiplie les maitresses et les voyages. Petit à petit, le milliardaire devin millionnaire et ensuite fait valoir ses droits à la retraite.

Ne possédant pratiquement plus rien, Albert passe la majorité de ses jours dans son salon avec une bouteille de whisky, racontant aux rares visiteurs qui arrivent encore chez lui, ces différentes prouesses dans le monde du pétrole et ses rencontres avec plusieurs puissants chefs d'État de ce monde. Le premier milliardaire de la contrée devient un homme totalement brisé par les remords. Il se sent intérieurement coupable de la mort de son demi-frère et celle de son père. Il se sent coupable de la division éternelle de la famille. Il est brisé par le regret de n'avoir plus jamais revu son père depuis l'âge de quinze ans. Il est impuissant face au temps et attend impatiemment la date de sa mort pour laisser « ce monde cruel ».

Cette histoire de la famille Ngati montre combien certains africains sont les bons gestionnaires de la pauvreté. Lorsque la richesse arrive devant leur porte, ils se sentent perdus. Même lorsqu'ils s'efforcent de sortir de la pauvreté, les pesanteurs culturelles collées à leur mémoire finissent par les rattraper. S'ils ne sont pas forts moralement, ils finissent par penser qu'ils sont destinés à l'échec.

Ce qu'un leader rencontre comme obstacle en Occident, n'est pas le même qu'en Afrique. Un adage populaire dit qu'il n'y a que « *les méchants et les avares qui vivent longtemps en Afrique* ». En réalité, ce sont ceux qui se déresponsabilisent qui vivent longtemps en Afrique parce qu'ils sont traités de méchants et personne ne peut attendre quelque chose d'eux.

Ceux qui essaient de trouver des solutions aux problèmes communautaires sont toujours rattrapés par les ramifications culturelles. On dirait que « l'Afrique noire » est en train de normaliser l'idiotie pour mystifier la réussite.

6. Ngangoué et les mythes de la réussite

Le succès ou la réussite peut être définie comme l'accomplissement des objectifs que nous nous fixons. En Afrique, plus l'enfant essai de rêver grand, dépassant les aspirations des parents ou de sa communauté, plus il est exposé aux mythes et superstitions qui le poussent à reculer. Dans le département de la Lékoumou au Congo-Brazzaville, une région conservatrice, mystique et « fétichiste », plusieurs mythes et stéréotypes ont été entretenus depuis la nuit des temps et surtout renforcés par les religions exogènes. Ils subsistent jusqu'à présent plusieurs familles où l'ignorance règne en maitresse. Vous entendrez chaque fois des phrases du genre : « Acheter une voiture maintenant, c'est chercher à attirer les sorciers. » « Si tu deviens riche, avec beaucoup de voitures de luxe et de belles villas, tu es taxé de franc-maçon. »

Ce sont ces expressions qui entretiennent la pauvreté dans plusieurs familles. Dans cette partie de la terre ou les religions font rage, et les féticheurs trouvent les sorciers partout, l'alcool dévastent les jeunes, les enfants des pauvres sont exposés à ce discours qui légitime l'échec normalisé et culturalisé, alors que la réussite est totalement mortifiée. « *Nous sommes heureux dans notre pauvreté* » « Heureux les pauvres car ils hériteront le royaume des cieux » dit-on. Dans ces genres de famille ou les gens se sentent heureux dans la pauvreté, souvent ceux qui réussissent sont traqués et doivent se justifier parce qu'ils sont tout de suite traités de magiciens. Le comble de l'ignorance et de superstition en pleine ère de l'internet !

L'ingéniosité même dans certains villages est condamnée. C'est le cas de Ngangoué, un jeune qui a hérité la bicyclette de son grand-père. N'ayant pas les moyens pour aller dans un garage en cas de panne, Ngangoué se débrouillait à trouver lui-même des solutions aux problèmes de sa machine. Avec le temps, il s'est habitué à ce métier, au point de devenir un expert, capable de dépanner même les motos à essence. Quand sa sœur tomba malade, elle est conduite non pas à l'hôpital, mais dans une église du village. A sa grande surprise, un jour qu'il était à son atelier, un émissaire de l'église vint le chercher. Il était sommé de justifier l'origine de ses connaissances étant donné que sa sœur était tombée malade au même moment qu'il commençait à réparer les motos.

Ngangoué fut publiquement accusé de vouloir sacrifier sa sœur, parce qu'il était devenu un bon dépanneur des bicyclettes et des motos. C'est ici, tout le contraste entre le besoin de réussir et nos réalités culturelles. Là où les autres libèrent les talons pour avancer, en Afrique on les décourage et on suspecte de sorcellerie. Il est dit que la réussite était au bout de l'effort. Mais dans certaines familles, lorsque nous fournissons les efforts, nous n'avons tout de même pas le droit de réussir. Les villages se vident en Afrique à cause de cette situation.

Servons-nous encore de l'exemple de Mbakwé, un jeune étudiant de la communauté, qui ayant obtenu sa licence en agronomie à l'université, décida de rentrer au village. Il arrive avec un projet en tête. Il envisage créer un verger au bout du village. Tous les matins, machette à la main, Mbakwé se rend dans son chantier et travaille toute la journée. Avec le temps, il finit par réaliser un exploit et plante cinq hectares d'arbres fruitiers. Manguiers, avocatiers, safoutiers, orangers et bien d'autres, poussent allègrement, dans son chantier. Cinq ans après, tous les arbres ont produit et Mbakwé envisage aller en ville louer un véhicule pour transporter sa marchandise destinée à la vente. Un soir, alors qu'il venait de parler de ses intentions à sa mère, son père l'appelle dans son hangar et lui dit : « *Mbakwé mon fils, ta mère vient de m'informer de tes intentions. Tu dois savoir que mon espoir ne se repose que sur toi. Je n'ai plus ni père ni mère. Ta mère et toi êtes ma seule famille sur terre. Je ne peux donc pas accepter te perdre bêtement. Nous t'aimons et nous ne pouvons pas te soutenir dans ce que tu fais parce que tu mourras après l'avoir fait* ». En réalité, les parents de Mbakwé se disent du font de leur cœur que les sorciers du village vont tuer leur fils s'ils constatent qu'il devient riche.

Dans certaines communautés, lorsque l'enfant est intelligent à l'école, sa mère « *pour le protéger* », le persuade de faire attention aux sorciers. Lorsqu'un fils fait un colis à sa mère restée au village, celle-ci est souvent obligée de le partager avec ses frères et membres de la communauté, pour éviter que ceux-ci n'aillent la nuit envouter son fils.

Ne soyez donc pas étonnés de voir les personnes dans ces genres de communautés continuer à perpétuer la pauvreté générationnelle.

7. Paul Miaka, une étoile éteinte par son pays et les siens

Ces paragraphes sont écrits en mémoire de ce vaillant fils du village de ma mère. Dans mon bas âge, il passait beaucoup de temps à m'expliquer certains concepts et sujets que je ne comprenais pas à l'époque. « *Averty, tu ne me croiras peut-être pas, mais je sais que tu joueras un rôle très important dans cette communauté* », prophétisa-t-il un jour. Il aimait passer du temps avec moi. Je ne connais peut-être pas grand-chose sur lui, mais je vais relater ici, les quelques expériences connues.

Paul est né à Lewala, un village du district de Bambama. Tout petit, il était très attaché à sa mère souffrant des troubles mentaux. Il prenait soin de sa mère « sans égards aux quolibets des jeunes du village ». Enfant serviable très tôt, il puisait de l'eau à la source, il coupait du bois de chauffe pour sa mère, et faisait des pièges dans la forêt pour capturer les oiseaux afin de nourrir sa mère bien-aimée. Très jeune, alors qu'il devait aller à l'école secondaire, élève brillant, Paul est sélectionné par le gouvernement pour aller faire les études d'agriculture à Cuba. Paul, conscient du statut social de ses parents qu'il était obligé de quitter, n'avait pas jubilé de joie pour cette promotion inattendue. À l'époque, l'excellence faisait encore écho dans les pays africains nouvellement sortis de la tutelle coloniale. Les pouvoirs publics impartiaux sélectionnaient sans discrimination les meilleurs élèves, et leur attribuaient des bourses d'état, leur permettant de poursuivre les études à l'étranger, gage d'un meilleur avenir pour le pays.

Paul disait qu'il ne voulait pas partir et laisser sa mère malade. Lorsqu'il a appris qu'il a été sélectionné, il est allé demander conseil à sa mère. Cette dernière lui posa une question qui le bouleversa jusqu'à sa mort. Sa mère lui dit : « *Paul, dans ce village, tout le monde me considère comme une folle. Tu es la seule personne qui s'occupe de moi. Que deviendrais-je sans toi ? Ce qui est sûr, c'est que tu ne reviendras plus de mon vivant. Ma seule inquiétude est de ne pas être enterrée avec honneur à ton absence* ». « Ces phrases de ma mère, dit Paul, m'ont tellement bouleversé que j'ai été obligé de fuir dans la forêt le jour en question, pour qu'on ne m'y emmène point. J'ai donc passé toute la matinée dans la forêt en train de faire mes pièges à oiseaux »

Déplorablement pour lui, son retour au village coïncida juste avec l'arrivée de la voiture qui venait récupérer les boursiers sélectionnés. Paul tenta de prendre la fuite, mais l'on lança rapidement à sa suite, une meute des jeunes qui connaissaient bien les pistes du village. Hélas, Paul fut rattrapé après une vingtaine de minutes de recherche. On mit de force dans la voiture, devant un attroupement des paysans excités et interloqués par l'attitude incompréhensible de Paul. La voiture démarra sous les applaudissements des jeunes. « Plus la voiture s'éloignait, nous confia Paul, plus je pleurais encore plus fort espérant que ma mère pouvait faire un miracle pour me faire descendre de cette voiture. »

Tout le long du voyage en avion, Paul dit qu'il ne pensait qu'à sa mère. Que deviendra-t-elle sans moi ? Que va-t-elle manger demain ? Étant impuissant face à son sort et son destin, Paul calmé, arriva à la Havane capitale de Cuba. Là-bas, il obtiendra après plusieurs années, un diplôme d'ingénieur agronome. Une anecdote que Paul nous raconta un jour : « Il parlait tous les jours de son village à ses amis. L'un d'eux apprit un jour, qu'il existait un village semblable au sien. Ce village était situé non loin de la Havane. Ils décidèrent ainsi d'aller le visiter. « Ému, j'avais l'impression de me retrouver dans un village africain ! Quelle ressemblance frappante ! Il y avait une route au milieu, et des cases bâties de part et d'autre. Il y avait des hangars, avec un feu au milieu et les gens autour du feu. Un groupe des jeunes cubains ayant constaté que des étrangers venaient d'Afrique. Ils s'approchèrent de nous et chacun se mit à poser les questions sur l'Afrique. Pendant que mes collègues répondaient aux questions, moi, je contemplais le village. Une question posée finit par m'énerver. La personne dit : *Il parait qu'en Afrique, vous n'avez pas de maisons et que vous dormez sur les arbres comme les oiseaux. Est-ce vrai ?* Pris de colère, je répondis : « *Oui, c'est vrai. Même lorsque votre président Fidel Castro arrive souvent en Afrique, on lui donne un gros arbre, il grimpe et dort dessus* ». Mal interprétée dans l'esprit des jeunes noirs cubains, cette réponse avait failli provoquer une bagarre dans le village ; car cela sonnait comme une insulte à l'endroit du guide Cubain. Le Camarade Fidel Castro régnait en grand dictateur sur Cuba. »

Avec son diplôme d'ingénieur agronome en poche, Paul décida de rentrer au pays malgré les insistances de ses camarades qui lui proposaient de rester travailler sur place ou aller au Cap-Vert, où l'un de ses amis avait pour copine, la fille du chef de l'État Capverdien. Paul sera même sollicité par les grandes entreprises cubaines, mais, il décida de rentrer définitivement au pays.« Je pensais qu'avec mes diplômes et mes connaissances, dit Paul, je pouvais être très utile pour mon pays ».

Rentré au pays, Paul est accueilli par l'un de ses oncles, qui était ministre. Une petite chambre lui sera donnée dans la maison du ministre et il jouera pendant plusieurs années, le rôle de conseiller de son oncle ministre. Durant cette période, il ne perçut aucune rémunération. Il sera appelé, à plusieurs reprises, à faire des réflexions sur divers sujets.

Chaque fois qu'il demandait au ministre de lui trouver un poste où il pourrait mettre ses compétences au service de la nation, celui-ci lui demandait d'attendre l'ouverture d'une entreprise où il sera le directeur, car il était un cadre rouge et expert. Curieusement, cette entreprise n'avait jamais vu le jour. Quelques amis, rentrés au pays au même moment, vont se convertir en musiciens et créent SOS Salsa, un orchestre qui a fait danser beaucoup de Congolais à une époque donnée. Fatigué d'attendre, Paul décide de quitter la maison du Ministre pour rentrer dans son village, dans la perspective dedévelopper les activités agricoles dans un milieu rural.

Dès son arrivée au village, il constate que les noix de palme, très prisées par les paysans, venaient du village voisin situé une vingtaine de kilomètres. Les femmes parcouraient à pied cette longue distance pour se ravitailler. Il voulait créer une coopérative agricole. Il entretint des jeunes les incitants à planter avec lui les palmiers à huile dans le village. C'était une première d'écouter une telle idée. Nul ne pouvait comprendre qu'on pouvait planter les palmiers à huile. Les palmiers à huile poussent seuls en brousse comme leurs compères les palmiers raphia. C'était presqu'un tabou pour les gens de les planter. Ce travail revenait à la nature depuis des temps très anciens. Quel homme pouvait courber son échine pour planter un palmier à huile ? Même pas une femme. Cette première opération fut un échec, car dans le village une telle idée était incompréhensible. Pour briser ce mythe, et malgré ses moyens financiers limités Paul prit alors l'initiative de se lancer seul dans cette activité novatrice. Et attendre les résultats jusqu'à ce que les villageois puissent être motivés par ce qu'ils verront.

« Pour démarrer mon expérience, dit-il, je commençai par planter un hectare de palmiers à huile et un autre d'arbres fruitiers derrière la maison. En tant que technicien, j'avais constaté qu'à l'époque chaque famille paysanne élevait son petit cheptel de caprins, ce qui permettait d'avoir beaucoup de crottes de bêtes. Cet engrais naturel ou bio trainait chaque année dans les cours. Ma demande en crottes lancée, et voyant mes efforts en cours, des paysans venaient me voir dans les après-midis, pour m'aviser que des moutons avaient sali leur cour. Ils me demandaient si je pouvais y aller décrotter. De temps en temps, le soir, muni d'une pelle et d'un sac, je parcourais le village, ramassant les fientes des cabris et moutons. Pour moi, c'était gratuit, alors qu'à Cuba, on achetait ». Voici un témoignage de Vincent, fils du même village que Paul, confirmant le récit. « *Lorsqu'il le faisait, témoigne un jeune du village, nous pensions qu'il était devenu fou tout comme sa mère à l'époque. Il était devenu un sujet de moquerie dans le village. Mais sans céder au découragement, il poursuivait son travail avec acharnement et une certitude farouche.* »

Au bout de trois années de sacrifice et de peine, les résultats se concrétisèrent, au grand étonnement des sceptiques. Les jeunes palmiers sélectionnés par Paul, commençaient à produire de beaux régimes de noix. Paul devint très populaire dans son village surtout auprès des femmes. Elles ne se déplacent plus pour aller acheter l'huile ailleurs. Le village est devenu l'unique dans le district à avoir beaucoup de palmiers à huile d'une qualité très prisée. Ainsi motivés, bravant la superstition, tous les jeunes désœuvrés prirent l'initiative de planter les palmiers. Résultats, ce sont désormais les habitants des villages voisins qui viennent tout le temps acheter chez eux.

Grace aux revenus générés par la vente de ses produits, Paul décide alors d'ouvrir un verger plus étendu. Il choisit le bout du village comme nouveau site pour son verger. Il travailla encore dur, seul comme un robot pour réaliser son projet. « Dans ce verger, dit Paul, j'avais utilisé des techniques qui nous permettraient d'avoir les fruits hors saisons. Dire encore que certains manguiers étaient greffés !». Tout marchait à merveille, et les plants avaient déjà atteint deux mètres de haut, donc proches de la première production.

Paul envisageait déjà de se lancer également dans l'élevage de poissons tilapia, lorsqu'au même moment, les jeunes du village décidèrent, intentionnellement ? de changer de terrain de football. Les jeunes choisirent les environs du verger de Paul et se mirent à travailler à son insu. Un après-midi, pendant qu'il était dans la cour, assis sur un banc, utilisant une chaise comme table pour initier les plans de son élevage de poissons, il aperçoit une grande fumée en direction de son verger.

Les jeunes du village, après avoir travaillé leur nouveau terrain de foot, avaient mis le feu. Le feu s'était donc propagé jusque dans le verger de Paul. Il se mit à courir comme en fou, les bras au ciel en pleurant. Les jeunes les plus voyous, le voyant venir en courant, se mirent à rire aux éclats. « *Le fou arrive en courant* » disaient-ils. Pendant ce temps, le film de son enfance revint, il se souvient que sa mère a été enterrée comme un moins que rien, il se souvint que le village ne l'a jamais considéré comme un vrai fils. « *Au moment où je courais, nous confia Paul, je n'avais qu'une idée derrière la tête : plonger dans le feu et mourir en même temps que le fruit de mes efforts, mon rêve* ».

Le rêve de Paul venait donc de partir en fumée. Certains jeunes conscients, le voyant courir tout droit vers les flammes enragées de la saison sèche, arrêtèrent ensemble son élan déchainé. Ils avaient réussi à l'empêcher de se suicider dans les flammes. De retour à la maison, il prit la décision de quitter définitivement le village et aller s'installer en ville.

Paul, l'agronome, finit par trouver un travail à la société nationale d'eau du Congo. Il mourut quelques années après de suite des violents maux de tête. A l'annonce de la nouvelle de sa mort, l'homme est condamné par les siens : « *Il était pourtant tranquille à Cuba, qu'est-ce qu'il était venu faire au Congo ?* ».

Cette histoire de Paul montre comment beaucoup de jeunes cadres espoirs de demain meurent précocement en Afrique. Il suffit que votre intelligence ou vos idées soient différentes de celles de la majorité, vous êtes traités de tous les maux et le destin s'acharne sur vous, pour vous anéantir à petit feu. Tant que les membres de la communauté ne sont pas préparés, vous pouvez être un expert en développement communautaire, vos efforts ne produiront rien. Le développement étant donc ici considéré comme un état d'esprit.

Paix à ton âme Paul Miaka. Nous ne t'oublierons jamais !

TABLE DES MATIERES

Cet ouvrage a été composé par Artige

Guédiawaye Gadaye – Terminus 42

Tél : 779002315 **Fax :** 338772515

Email : editionartige@gmail.com

Imprimé au Sénégal, 2022

Achevé d'imprimer

Dépôt légal :

Sénégal, Dakar, Juillet 2022

Conception : Alioune Badara Chidid